学ぶ人は、変えてゆく人だ。

目の前にある問題はもちろん、

人生の問いや、

社会の課題を自ら見つけ、

挑み続けるために、人は学ぶ。

「学び」で、

少しずつ世界は変えてゆける。

いつでも、どこでも、誰でも、

学ぶことができる世の中へ。

旺文社

JN047428

はじめに

「ここ，きらいだな…」「わからないからやりたくないなあ…」
みなさんには，そういった苦手分野はありませんか。

　『高校入試 ニガテをなんとかする問題集シリーズ』は，高校
入試に向けて苦手分野を克服する問題集です。このシリーズで
は多くの受験生が苦手意識を持ちやすい分野をパターン化し，
わかりやすい攻略法で構成しています。攻略法は理解しやすく，
すぐに実践できるように工夫されていますので，問題を解きな
がら苦手を克服することができます。

　高校入試において，できるだけ苦手分野をなくすことは，と
ても重要なことです。みなさんが入試に向けて本書を活用し，
志望校に無事合格できることを心よりお祈りしています。

旺文社

目　次

■ 地理編

■ 歴史編

■ 公民編

■ 番外編

社会情勢の変化により、掲載内容に違いが生じる事柄があります。
弊社ホームページ『知っておきたい時事ニュース』をご確認ください。
https://service.obunsha.co.jp/tokuten/jiji_news/

編集協力：髙木純子（有限会社 マイプラン）
装丁デザイン：小川純（オガワデザイン）
装丁イラスト：かりた
本文デザイン：浅海新菜　小田有希
本文イラスト：ヒグラシマリエ
校正：中山みどり，吉原あけみ，株式会社 東京出版サービスセンター，株式会社 ネクスト
写真提供：国立国会図書館，時事通信フォト，東阪航空サービス／アフロ，
　十日町市博物館，人間文化研究機構 国文学研究資料館，akg-images ／アフロ，
　ColBase（https://colbase.nich.go.jp/）

本書の特長と使い方

本書は，高校入試の苦手対策問題集です。受験生が苦手意識を持ちやすい内容と，それに対するわかりやすい攻略法や解き方が掲載されているので，無理なく苦手を克服することができます。

■ニガテマップ

社会のニガテパターンとその攻略法が簡潔にまとまっています。
ニガテマップで自分のニガテをチェックしてみましょう。

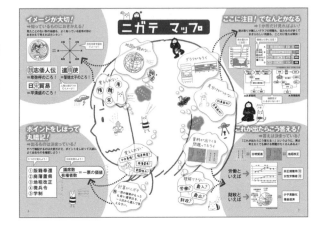

■解説のページ

例題とその解き方を掲載しています。

ニガテパターン
受験生が苦手意識を持ちやすい内容で単元が構成されています。

攻略法
ニガテパターンに対する攻略法です。苦手な人でも実践できるよう，わかりやすい攻略法を掲載しています。

こう考える
攻略法を使って，例題の解説をしています。

ココは覚える
解説の中で覚えておくべき内容をまとめています。

裏ワザ
問題を解く上でのテクニックを掲載しています。

わからなかったら暗記
攻略法がわかりづらい場合は，これだけ暗記しておけば大丈夫です。

■入試問題にチャレンジ

実際の入試問題を掲載しています。

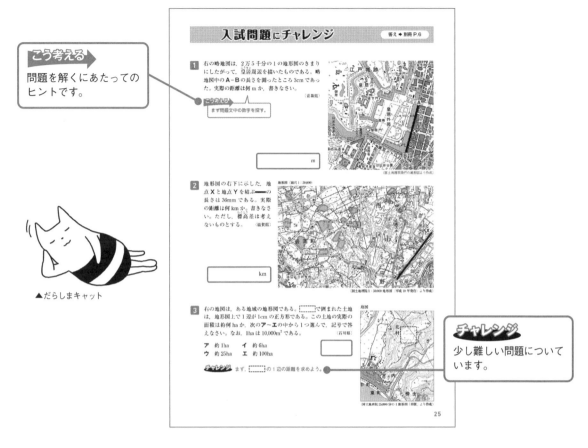

こう考える
問題を解くにあたっての
ヒントです。

▲だらしまキャット

チャレンジ
少し難しい問題について
います。

■解答・解説

別冊に，「入試問題にチャレンジ」の解答・解説を掲載しています。
解説は，本冊解説の攻略法をふまえた内容になっています。

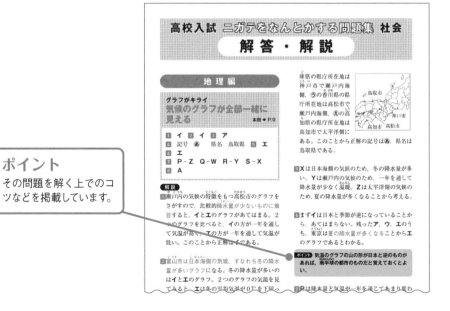

ポイント
その問題を解く上でのコ
ツなどを掲載しています。

▲なまけマン

イメージが大切!

➡知っているものにおきかえる!

見たことのない形の地図も，よく知っている記号の形に
おきかえて考えればカンタン!

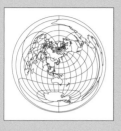

方位を表す図を
イメージ!

（魏）志倭人伝
=卑弥呼のころ!

遣隋使
=聖徳太子のころ!

日（宋）貿易
=平清盛のころ!

人物と結びつけ
てイメージ!

ポイントをしぼって
丸暗記!

➡出るものは決まっている!

すべて暗記するのは大変だけど，ポイントをしぼって入試に
よく出るものを暗記しよう!

5つだけ覚えよう!

①版籍奉還
②廃藩置県
③地租改正
④徴兵令
⑤学制

コレ
だけ!

公式を覚えよう!

$$\frac{議席数}{有権者数} = 一票の価値$$

コレ
だけ!

あかってなくても
暗記しちゃえよ

地図が読めない

ナニコレ?

覚えられない

唐
隋 魏
宋

時イザが
わからん…

黒髪ロングに
あこがれちゃう

フレー
フレー

覚えられない

中央集権? 殖産興業?

廃藩置県?

富国強兵?

コレだけ!

計算がニガテ

問 一票の価値がもっと
も高い選挙区を，1
〜5区から選んで答
えなさい。

マッフロ

ここに注目！でなんとかなる

➡1か所だけ見ればよい！

読み取りが難しいグラフの問題も，似たものが多くてまぎらわしい用語も，ここだけ見れば解決！

グラフがキライ

降水量だけに注目！

機械と化学に注目！

金属 / 機械 / 化学 / 食料品 / その他

A	47.0	18.7	11.6	13.3
B	9.4% / 68.6		10.6	
C	9.5% 20.9%	37.9	6.6 4.7 / 15.9 11.1	14.2
D	18.1%	35.1	7.8 / 22.3	16.7

（「日本国勢図会」2022/23年版より作成）

見分けがつかない

刑事裁判?
民事裁判?

訴えた人（原告）→ 利害の対立 ← 訴えられた人（被告）
訴え → 裁判所 → 審理（口頭弁論）→ 判決 / 和解

▲民事裁判

警察 → 捜査・逮捕 → 犯罪
検察官 → 取り調べ → 被疑者
不起訴 / 起訴 → 被告人
裁判所 → 公判 → 判決

▲刑事裁判

検察官がいるかいないか！

息抜きも大事！

ずっと友達のままってアリ？

これが出たらこう答える！

➡答えは決まっている！

「これが出たらこう答える！」というように，実は考えなくても解ける問題がたくさんあるよ！

資料が出てくる問題ってキライ

＝ 日明貿易

＝ 地租改正

労働といえば ➡

男性 / 女性

37.1 39.1 44.0 52.9 50.4 50.3
9.1 9.9 11.1 16.3 19.9 17.6 18.0
1987 1992 1997 2002 2007 2012 2017（年）

（総務省平成29年就業構造基本調査より作成）

＝ 非正規雇用 増
女性労働者 増

理解できない

労働? / 歳入? / 歳出? / 財政?

財政といえば ➡

防衛関係費 5.0%
文教および科学振興費 5.0%
公共事業 5.6%
地方交付税交付金等 14.8%
その他 13.3%
社会保障関係費 33.7%
国債費 22.6%

（財務省資料より作成）

＝ 少子高齢化
借金返済

7

グラフがキライ

気候のグラフが全部一緒に見える

ここに注目！で攻略

▶▶▶▶ **降水量だけ見ればよい！**

例　題

次の**ア**〜**エ**のグラフは，地図中の①〜④の都市のいずれかの月平均気温・月降水量を示している。**ア**〜**エ**のうち，②の都市の月平均気温・月降水量を示しているものはどれですか。**ア**〜**エ**の中から１つ選んで，記号で答えなさい。

〈広島県〉

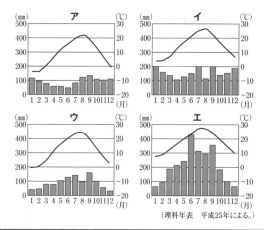

こう考える

気温と降水量を一度に見るのではなく，まずは**降水量**に注目するとよい。冬と夏のどちらに降水量が多いかもチェックする。

日本

夏より冬に多い。冬の気温が低い→北海道の気候

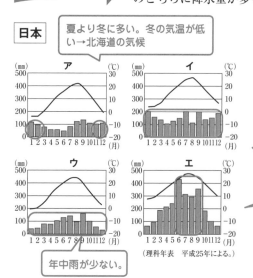

年中雨が少ない。

（理科年表　平成25年による。）

世界

多い→熱帯
ほとんど降らない→乾燥帯

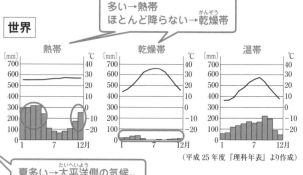

（平成25年度『理科年表』より作成）

夏多い→太平洋側の気候。
冬多い→日本海側の気候。

地図中②の都市は，**中央高地の気候**に属しているので，年中雨が少ないグラフを探せばよい。

答え　**ウ**

降水量だけではわからないとき 〈日本〉

★選択肢の中に, 年中雨が少ないグラフが・・・

1つあれば

→中央高地の気候・瀬戸内の気候のどちらか。

2つあれば

→冬の気温が低いと中央高地の気候, 0℃以上であれば瀬戸内の気候。

★選択肢の中に, 冬に降水量が多いグラフが・・・

1つあれば

→日本海側の気候・北海道の気候のどちらか。

2つあれば

→冬の気温（12・1・2月）が0℃を下回るのは北海道の気候。そうでなければ日本海側の気候。

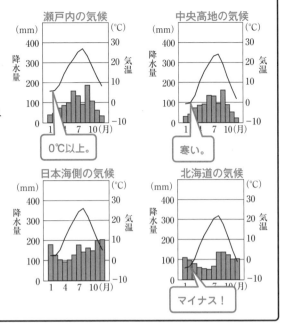

入試問題にチャレンジ

答え ➡ 別冊 P.1

1 次の**ア〜エ**のグラフは, それぞれ, 北海道の気候の特徴をもつ旭川市, 日本海側の気候の特徴をもつ新潟市, 瀬戸内の気候の特徴をもつ高松市, 太平洋側の気候の特徴をもつ宮崎市のいずれかの気温と降水量を表したものである。瀬戸内の気候の特徴をもつ高松市に当たるものを**ア〜エ**の中から1つ選んで, 記号で答えなさい。 〈大阪府〉

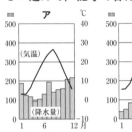 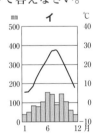 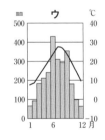 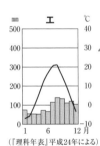

（『理科年表』平成24年による）

> **こう考える**
> まず降水量に注目！

2 次のグラフは札幌市, 富山市, 横浜市, 高松市の月ごとの平均気温と降水量をあらわしたものである。このうち富山市のものを, 次の**ア〜エ**の中から1つ選んで, 記号で答えなさい。 〈神奈川県〉

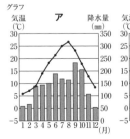 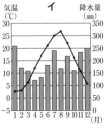 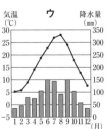 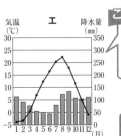

（『理科年表平成24年』により作成）

> **こう考える**
> 冬の降水量が多いグラフが2つある。

3 グラフの**ア～エ**は，地図の@～@のいずれかの都市の気温と降水量を示したものである。グラフの**ア～エ**の中から，@の都市の気温と降水量を示したものを選んで，記号で答えなさい。〈静岡県・改〉

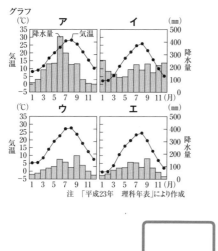

注 「平成23年 理科年表」により作成

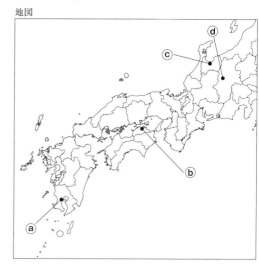

4 右のグラフは，地図中の**あ～え**のいずれかの県の，県庁が置かれている都市の月別の平均気温と降水量を表したものである。この都市がある県を地図中の**あ～え**から1つ選んで，記号と県名を答えなさい。〈愛媛県〉

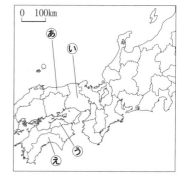

（平成24年版 理科年表による）

記号 [ ]　県名 [ ]

5 次の**I～IV**のグラフは，それぞれ略地図の**X～Z**の都市を含むいずれかの日本の都市の気温と降水量を示している。**X～Z**のそれぞれの都市に当てはまるグラフの組み合わせとして正しいものを，あとの**ア～エ**の中から1つ選んで，記号で答えなさい。〈北海道〉

チャレンジ X～Zの都市が属する気候の降水量の特徴を考えよう。

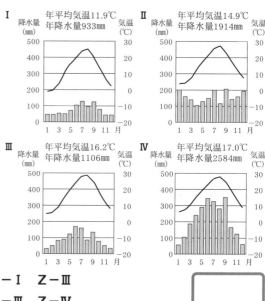

ア X－I　Y－II　Z－IV　　**イ** X－II　Y－I　Z－III
ウ X－I　Y－III　Z－II　　**エ** X－II　Y－III　Z－IV

[ ]

6 次のグラフは，略地図の各都市の気温と降水量を表している。東京の気温と降水量を表すグラフを，ア～エの中から1つ選んで，記号で答えなさい。〈岐阜県〉

[略地図] 東京からの距離と方位が正しい地図

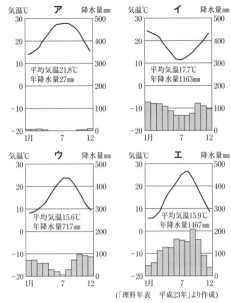

7 次のP～Sのグラフは，略地図中にW～Zで示したカイロ，ヘルシンキ，ケープタウン，ロンドンのいずれかの都市の，年平均気温と年降水量及び各月の平均気温と降水量を示したものである。P～Sのグラフが示す都市を，それぞれW～Zの中から選んで，記号で答えなさい。〈東京都〉

チャレンジ まず降水量が少ないグラフを確認する。

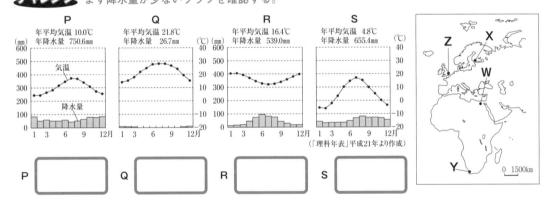

P ☐　Q ☐　R ☐　S ☐

8 次のグラフは，図1中の都市A～都市Dの月ごとの気温と降水量を表したものであり，それぞれの都市は熱帯，乾燥帯，温帯，亜寒帯（冷帯）の四つの気候帯のいずれかに属している。図2中のメルボルンと同じ気候帯に属する都市は，図1中のA～Dの中ではどれか，1つ選んで記号で答えなさい。〈岡山県〉

図1

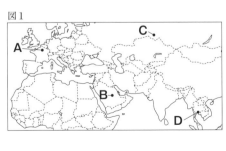

図2

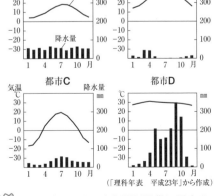

チャレンジ メルボルンは日本と同じ温帯に属する。

11

地図が読めない

赤道がどこを通っているのかわからない

ここに注目！で攻略

▶▶▶▶ **3か所だけ覚えよう！**

例題

右の略地図中の破線（----）は，緯線と経線を示している。このうち，赤道と本初子午線にあたるものはどれですか。図中の緯線と経線のうち，赤道と本初子午線にあたる破線として最も適当なものを一本ずつ選んで，略地図中の破線を，実線（———）でそれぞれなぞって書きなさい。

〈香川県〉

こう考える

赤道は3か所，本初子午線は1か所だけを覚えればよい。

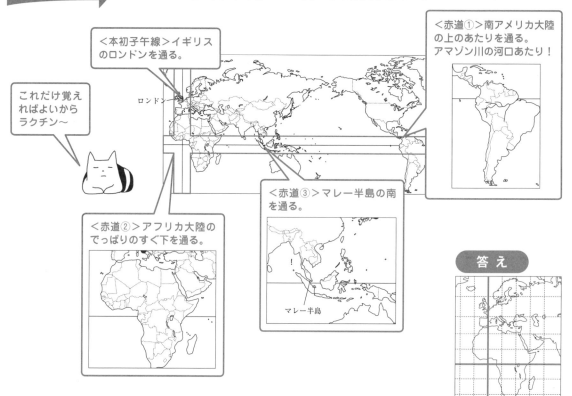

＜赤道①＞南アメリカ大陸の上のあたりを通る。アマゾン川の河口あたり！

＜本初子午線＞イギリスのロンドンを通る。

ロンドン

これだけ覚えればよいからラクチン〜

＜赤道③＞マレー半島の南を通る。

マレー半島

＜赤道②＞アフリカ大陸のでっぱりのすぐ下を通る。

答え

入試問題にチャレンジ

1 右の略地図**A〜D**にそれぞれ**あ〜え**で示した緯線のうち，赤道を示しているのはどれか。1つ選んで，記号で答えなさい。〈三重県〉

〈略地図A〉　〈略地図B〉　〈略地図C〉　〈略地図D〉

〔国境は一部省略。国境については，確定していないところもある。〕
（「2010/11 世界国勢図会」，ほかから作成）

こう考える▶
赤道はアフリカ大陸と南アメリカ大陸を通る。

2 右の図1と図2中の緯線**ア〜エ**は，それぞれ同じ緯線を示している。**ア〜エ**のうち赤道にあたるものを1つ選んで，記号で答えなさい。〈沖縄県〉

図1　アフリカ　　図2　東・東南アジア（一部）

 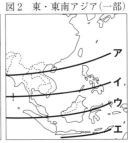

3 右の図は世界地図の一部を示したものである。本初子午線と赤道の位置は，**a〜f**のいずれになるか，正しい組み合わせを，次の**ア〜カ**の中から1つ選んで，記号で答えなさい。〈茨城県〉

図

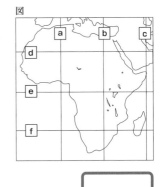

ア〔本初子午線　**a**　赤道　**d**〕
イ〔本初子午線　**b**　赤道　**d**〕
ウ〔本初子午線　**c**　赤道　**e**〕
エ〔本初子午線　**a**　赤道　**e**〕
オ〔本初子午線　**b**　赤道　**f**〕
カ〔本初子午線　**c**　赤道　**f**〕

4 右の略地図において赤道を示す線を，**ア〜エ**の中から1つ選んで，記号で答えなさい。〈岐阜県〉

チャレンジ　地図の図法が変わっても，緯線・経線が通る場所は変わらないことから考えよう。

［略地図］東京からの距離と方位が正しい地図

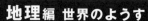

地図が読めない
地図の図法って難しそう

イメージで攻略

▶▶▶▶ 正距方位図法は方位を表す図をイメージ！

例題

右の略地図は，東京を中心に東京からの距離と方位が正しくなるようにつくった地図である。この地図のⅩの都市について，次の文の **A** に当てはまる語句を，あとのⅠ群の**ア〜エ**の中から1つ選んで，記号で答えなさい。また，**B** に当てはまる語句を，Ⅱ群の**ア〜エ**の中から1つ選んで記号で答えなさい。　　　　　　　　　　〈北海道〉

略地図

Ⅹの都市は，東京から見た場合，おおよそ **A** の方位にあり，東京からⅩの都市までのおおよその直線距離は，**B** である。

［Ⅰ群］　**ア**　北北東　　　**イ**　東北東　　　**ウ**　北北西　　　**エ**　西北西
［Ⅱ群］　**ア**　5000km　　**イ**　10000km　　**ウ**　15000km　　**エ**　20000km

　地図の図法の中でもよく問われる正距方位図法。これは方位を表す図と一緒と考える。

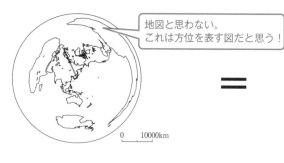

地図と思わない。
これは方位を表す図だと思う！

=

▼方位を表す図

この地図は，中心（東京）からの方位が正しいので，東京を方位を表す図の中心と考えるとⅩの都市はおおよそ北北西。

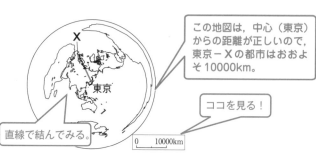

この地図は，中心（東京）からの距離が正しいので，東京－Ⅹの都市はおおよそ10000km。

ココを見る！

直線で結んでみる。

見た目にだまされるな〜！

答え　　A−ウ　B−イ

答え ➡ 別冊 P.3

1 右の資料は，中心からの距離と方位が正しい地図であり，その中心を東京においている。資料中に示されているリスボン，メキシコシティ，ブエノスアイレス，上海のうち，東京からの距離が最も遠い都市はどれか，次の**ア〜エ**の中から1つ選んで，記号で答えなさい。また，東京から見て北東方向に位置する都市はどれか，最も適当なものを，**ア〜エ**の中から1つ選んで，記号で答えなさい。〈京都府〉

ア リスボン　　　　**イ** メキシコシティ
ウ ブエノスアイレス　**エ** 上海

資料

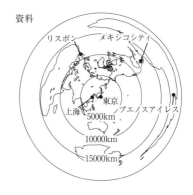

最も遠い都市 [　　　]　　北東の都市 [　　　]

> こう考える▶
> ・各都市と東京を線で結んでみよう。
> ・方位を表す図をイメージ！

2 右の図中の**あ〜お**の都市のうち，次の説明にあてはまるものはどこか。最も適当なものを1つ選んで，記号で答えなさい。〈千葉県〉

・東京からの距離が 10,000km 以上あり，南半球にある都市。

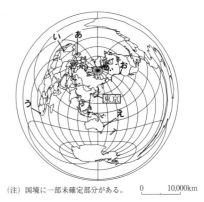

[　　　]

(注) 国境に一部未確定部分がある。　　0 ———— 10,000km

3 地図①，②は，図の中心からの距離と方位が正しい地図である。この地図から読み取れる内容として正しいものを，次の**ア〜エ**の中から1つ選んで，記号で答えなさい。〈島根県・改〉

地図① 東京中心の地図　　　　地図② ロンドン中心の地図

ア 東京は，ロンドンの南南東の方位にある。

イ ケープタウンは，ロンドンから 15000km の地点にある。

ウ 東京・ニューヨーク間の距離より，ロンドン・ニューヨーク間の距離のほうが長い。

エ ロンドンから真東に進むと，オーストラリア大陸に到達する。

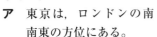 2つの地図の中心である都市がそれぞれ異なることに注意しよう。

[　　　]

地図が読めない

南極から地図なんて見たことないよ～

イメージで攻略

▶▶▶▶ 普通の地図にして考える！

例 題

次の南極点を中心とした南半球の略地図のA～Dの部分にあてはまるものとして最も適するものを，次のア～エの中からそれぞれ1つずつ選んで，記号で答えなさい。　〈神奈川県〉

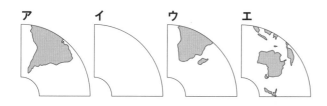

こう考える　　経度をヒントに，普通の地図にして考えればよい。

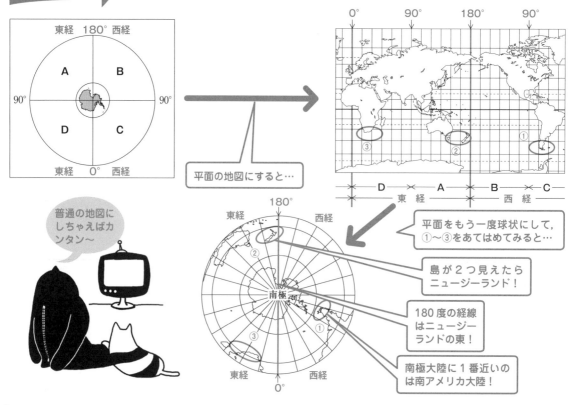

普通の地図にしちゃえばカンタン～

例題の南極点を中心とした南半球の略地図を見ると，０度の経線がCとDの間に引かれている。これは本初子午線である。本初子午線はアフリカ大陸を通るので，**ウ**がDにあてはまる。次に，経度180度がAとBの間を通っている。日付変更線は180度の経線にほぼ沿うように引かれており，ニュージーランドのすぐ東を通っているので，**エ**がA。残りの**ア**の南アメリカ大陸は，オーストラリア大陸よりアフリカ大陸に近いCにあてはまる。残りの**イ**は，Bになる。

答え　　A－エ，B－イ，C－ア，D－ウ

同じように考える

北極点から見たときは？

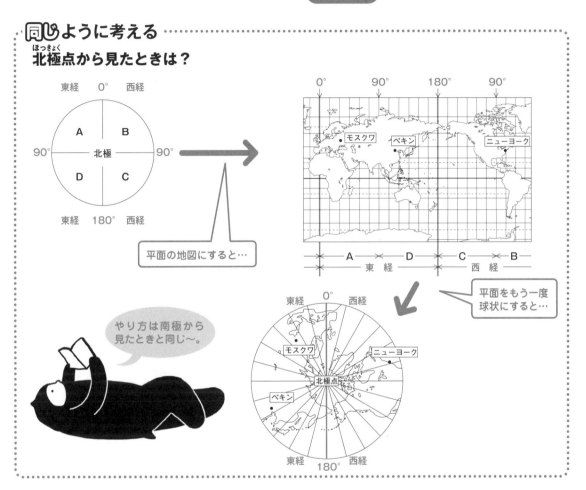

やり方は南極から見たときと同じ～。

平面の地図にすると…

平面をもう一度球状にすると…

入試問題にチャレンジ

答え ➡ 別冊 P.4

1 右の地図中のⅠ～Ⅳで示した経線のうち，本初子午線を示すものはどれか，Ⅰ～Ⅳの中から１つ選んで，記号で答えなさい。〈新潟県〉

こう考える▶
本初子午線はアフリカ大陸の西側を通っている。

2 次に示す図1〜図2は，地球儀をそれぞれ違う角度から見て，平面に表した模式図である。この図を見て，あとの問いに答えなさい。 〈秋田県〉

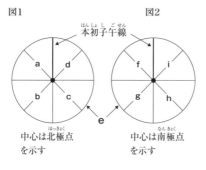

図1　図2

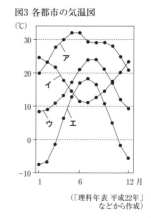

図3 各都市の気温図

（「理科年表 平成22年」などから作成）

(1)図1と図2の **a〜i** の中から，赤道を示すものを1つ，日本の標準時子午線を示すものを2つ選んで，それぞれ記号で答えなさい。

赤道 [ ]　　標準時子午線 [ ] [ ]

(2)図3の **ア〜エ** の中から，図2の模式図の範囲内に位置する都市の気温図を1つ選んで，記号で答えなさい。

[ ]

3 右の地図の **A〜C** のいずれかの州に，あとの **ア〜エ** 国のうちの一国が属する。その州を **A〜C** の中から1つ選んで，記号で答えなさい。また，その国を **ア〜エ** の中から1つ選んで，記号で答えなさい。 〈富山県〉

南極点を中心にした地図

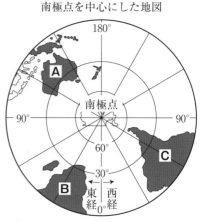

州 [ ]　　国 [ ]

チャレンジ Aはオセアニア州，Bはアフリカ州，Cは南アメリカ州。

ア〜エ 国の全部または一部を示した地図
（a〜dは各国の首都，縦の実線は首都の時刻の基準となる経線を示す）

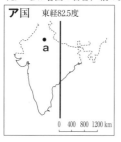

ア国　東経82.5度

イ国　西経75度

ウ国　東経30度

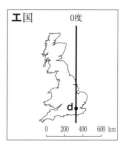

エ国　0度

（注）点線は隣国との国境を表す。係争中の国の境界は示していない。

計算がニガテ
時差の計算がニガテ

イメージで攻略

▶▶▶▶ まず地図を丸めて考える！

例題

略地図中の①〜④は，日本の商社が支社を置いている海外の都市のうち，サンパウロ，ロサンゼルス，ダッカ，カイロの位置をそれぞれ示したものである。次の文章は，日本にある本社から，①〜④のいずれかの都市に置かれている支社に電子メールを送信した事例について述べたものである。この文章で述べている支社が置かれている都市に当てはまるものを，略地図中の①〜④から1つ選んで，番号で答えなさい。サマータイムは考えないものとする。

〈東京都・改〉

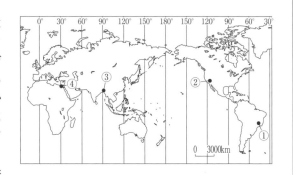

本社の会議で決定した業務指示を，海外の支社に電子メールで送信した。送信と受信で時間差はなく，日本時間で3月1日午後5時に本社から送信した電子メールを，この支社では現地時間の3月1日午前10時に受信した。

こう考える

日付変更線（ひづけへんこうせん）に近い経度（けいど）180度から「どちら側へ移動すれば，日付が進むのか・戻るのか」ということは，地図を丸めて考えるとわかりやすい。

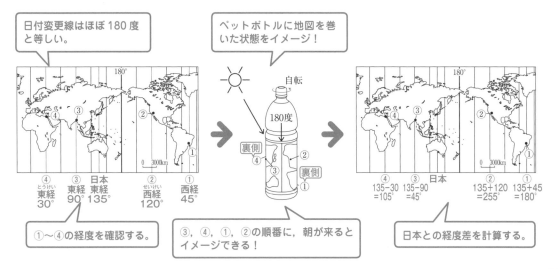

海外の支社と本社では、時差は7時間あり、本社がある日本の方が、時刻が進んでいる。
また、経度15度で1時間の時差が生じるので、経度差は、15度×7時間＝105度。
日本の標準時子午線は、東経135度である。よって、支社の標準時子午線は135度－105度＝30度。

答え ④

わからなかったら暗記

東経、西経どうしの場合は経度を引く。東経と西経の場合は経度を足す。
（例）東経135度・東経90度の場合…135−90＝45度
　　　東経135度・西経45度の場合…135+45＝180度

ココは覚える

・経度15度で1時間の時差が生じる。
・日本の標準時子午線は、東経135度。

最低限これだけ
覚えていれば
OKだよ～。

入試問題にチャレンジ

答え ➡ 別冊P.5

1 ロンドンオリンピックの陸上競技男子100mで金メダルを獲得したボルト選手はジャマイカ出身である。ロンドンが1月1日0時のときの、日本とジャマイカ（西経75度の経線を標準時としている。）の日時の組み合わせとして、最も適当なものはどれか。次の**ア～エ**の中から1つ選んで、記号で答えなさい。　〈鹿児島県〉

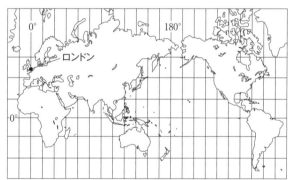

ア　（日本　12月31日15時　ジャマイカ　12月31日19時）
イ　（日本　12月31日15時　ジャマイカ　1月1日5時）
ウ　（日本　1月1日9時　ジャマイカ　12月31日19時）
エ　（日本　1月1日9時　ジャマイカ　1月1日5時）

こう考える

地図を丸くしてイメージする！

2 図中の都市**A**の標準時は**P**の経線を基準としている。日本が1月1日午前0時のときの都市**A**の日付と時刻を書きなさい。ただし、時刻には「午前」または「午後」をつけて書きなさい。　〈兵庫県〉

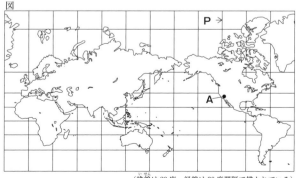

図

（緯線は20度、経線は30度間隔で描かれている）

3 右の資料1のXはインドネシアのジャカルタの時刻の基準となる経線であり，資料2のYは，ニューヨークの時刻の基準となる経線である。このことについて述べた次の文章の（ ① ），（ ② ）に適する数値を書きなさい。〈福井県〉

インドネシアのジャカルタが2月10日の午前11時のとき，アメリカのニューヨークは2月9日の午後11時である。2つの都市の間には（ ① ）時間の時差がある。経度15度で1時間の時差が生じることとして計算すると，Yは西経75度の経線なので，Xは東経（ ② ）度の経線であると考えられる。

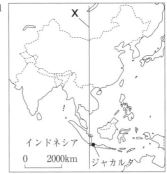

資料1

インドネシア

0　2000km　ジャカルタ

「大学アトラス」ほかより作成

資料2

アメリカ

ニューヨーク

0　1000km

「大学アトラス」ほかより作成

① [　　　　　　　　　　　]　　② [　　　　　　　　　　　]

4 世界の国々を調べる授業で，太郎さんは，略地図中のA国とD国の首都の時差を調べたところ，6時間であることがわかった。同じように首都の時差が6時間となる国の組み合わせを，次の**ア〜オ**の中から1つ選んで，記号で答えなさい。〈山形県〉

ア A国とB国　　**イ** A国とC国
ウ B国とC国　　**エ** B国とD国
オ C国とD国

[　　　　　　　　]

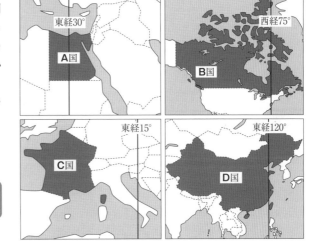

【略地図】

東経30°　A国

西経75°　B国

東経15°　C国

東経120°　D国

注1：各地図の縮尺は同じではない。
注2：略地図中の経線は，各国の首都における標準時の基準となる経線を示している。

5 右の地図中の緯線は赤道を基準にして，また，経線は本初子午線を基準にして，いずれも30度間隔で表している。また，地点**X**，**Y**の標準時は，それぞれを通る経線で決められている。地点**X**が，2013（平成25）年1月15日19時のとき，地点**Y**は1月何日の何時であったか，書きなさい。〈新潟県〉

チャレンジ　まず，XとYのどちらが朝が早く来るのか考えよう。

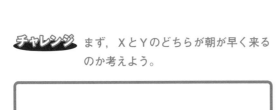

[　　　　　　　　　　　　　　　　　　　　　]

見分けがつかない
扇状地と三角州がまぎらわしい

ここに注目！で攻略

▶▶▶▶ 地図が出たらほぼ扇状地！

例 題

右の地図の X の付近に広がるような，河川が山間部から平野や盆地に出たところに土砂がたまってつくられる地形は，何とよばれるか。その名称を書きなさい。　　〈静岡県〉

注　国土地理院発行2万5千分の1地形図「石和」により作成
（編集部注：実際の試験で使われた地形図を72%縮小）

こう考える

入試では，扇状地（せんじょうち）の出題頻度が高いので，扇状地を優先的に覚えるとよい。

三角州（さんかくす）はあんまり出ないよ〜。

このあたりが扇状地。

等高線の間隔がせまい地域→そこは山だと思う！

①山があったら扇状地！
山から平地に広がる扇形（おうぎがた）のところが扇状地。山を流れる川が運んできた土砂がたまってできる地形のことなので，山の近くにできる。

②🍂（果樹園）か（畑）が見えたら扇状地！
山がけずれてすぐの場所は，石や大きな砂ばかり。すき間が大きくて水はけがいいので，果樹園や畑に使われる。水がたまらないので田んぼとしては使えない。

注　国土地理院発行2万5千分の1地形図「石和」により作成

答え　扇状地

ココ は覚える　三角州の地形

三角州は，川が海に流れ出るところに土砂がたまってできる地形。細かな土砂がたまるので水もちがよく，水田に利用される。山の近くは扇状地，海の近くは三角州と覚えておくとよい。

▶三角州の地図

注　国土地理院発行5万分の1地形図「広島」より作成
（編集部注：実際の地形図を38%縮小）

答え ➡ 別冊 P.6

1 右の地形図において,「追倉」から「西桐原」にかけて見られるような,ゆるやかな傾斜地となった地形を何というか。その地形の名称を書きなさい。

〈千葉県〉

（国土地理院平成3年発行1：25,000「山辺」原図より作成）

こう考える▶
傾斜地に何の地図記号があるかを考える。

2 右の**図**中の**X**地点の土地利用及びその理由として,もっとも適切なものはどれか,次の**ア**～**エ**の中から1つ選んで,記号で答えなさい。ただし,この土地の地形及び周りの環境から考えること。

〈沖縄県〉

ア 水田（平らな土地があり,地下水が豊富なため）

イ 果樹園（日当たりが良く,水はけが良いため）

ウ 鉄鋼工場（高速道路に近く,原料の輸入と製品の輸送に便利なため）

エ 商店街（近くに神社があり,多くの参拝客が訪れるため）

図

（2万5千分の1地形図「石和」より作成）

こう考える▶
扇状地には何の地図記号がよく見られるかを考える。

3 右の写真は,扇状地とよばれる地形である。この地形はどのようなところに形成されるか。簡潔に書きなさい。

〈鹿児島県〉

写真

 山の間から広がっている扇形の土地が扇状地。
山から流れてくる川の作用でできる地形である。

計算がニガテ

縮尺の計算がニガテ

ここに注目！で攻略

▶▶▶▶ **地図は見なくてよい！**

例題

右の地図中において大阪街道（おおさか）が通っている場所の**A**と**B**との間の長さは，2万5千分の1の地形図上では約5.0cmである。実際の距離（きょり）はおよそどれくらいか。次の**ア〜エ**の中から1つ選んで，記号で答えなさい。〈大阪府〉

ア 125 m **イ** 500 m

ウ 1,250 m **エ** 5,000 m

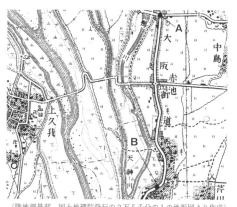

（陸地測量部，国土地理院発行の2万5千分の1の地形図より作成）

こう考える（しゅくしゃく）　縮尺の計算をする際は，地形図でなく**数字**を見ればよい。

地図中において大阪街道が通っている場所の**A**と**B**との間の長さは，2万5千分の1の地形図上では約5.0cmである。実際の距離はおよそどれくらいか。次の**ア〜エ**の中から1つ選んで，記号で答えなさい。〈大阪府〉

ココだけ注目！

見なくてよい！

$$\underset{\text{分母}}{25000} \times \underset{\text{長さ}}{5.0} = 125000(\text{cm}) = 1250(\text{m})。$$

（陸地測量部，国土地理院発行の2万5千分の1の地形図より作成）

ココは覚える　実際の距離を求める公式

縮尺の分母×地図上の長さ＝実際の距離

答え　ウ

裏ワザ　文中に縮尺がないときは，ココを見る！

縮尺の数字が文中にないときは，地図の上や下を見れば縮尺の表示を見つけることができる！

ココに注目！

（陸地測量部，国土地理院発行の2万5千分の1の地形図より作成）

問題文のどこかにあるから大丈夫！

入試問題にチャレンジ

答え ➡ 別冊 P.6

1 右の略地図は，2万5千分の1の地形図のきまりにしたがって，皇居周辺を描いたものである。略地図中の **A-B** の長さを測ったところ3cmであった。実際の距離は何mか，書きなさい。
〈青森県〉

こう考える▶
まず問題文中の数字を探す。

	m

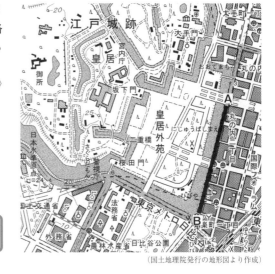

（国土地理院発行の地形図より作成）

2 地形図の右下に示した，地点 **X** と地点 **Y** を結ぶ━━の長さは36mmである。実際の距離は何kmか。書きなさい。ただし，標高差は考えないものとする。
〈滋賀県〉

地形図（縮尺1：50,000）

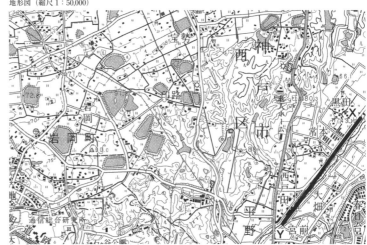

（国土地理院1：50,000地形図（平成10年発行）より作成）

	km

3 右の地図は，ある地域の地形図である。┌┈┐で囲まれた土地は，地形図上で1辺が1cmの正方形である。この土地の実際の面積は約何haか，次の**ア〜エ**の中から1つ選んで，記号で答えなさい。なお，1haは10,000m²である。
〈石川県〉

地図

ア 約1ha　　**イ** 約6ha
ウ 約25ha　　**エ** 約100ha

チャレンジ まず，┌┈┐の1辺の距離を求めよう。

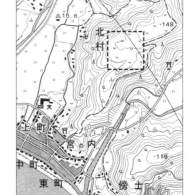

（国土地理院25,000分の1地形図「羽根」より作成）

25

グラフがキライ
グラフがめんどうくさい①

ここに注目！で攻略

▶▶▶▶ 選択肢から考える！

例 題

右のグラフから読みとれる内容を述べた文として誤っているものを，次の**ア**〜**エ**の中から1つ選んで，記号で答えなさい。〈埼玉県〉

ア 1975年と1987年を比べると，食料品の製造品出荷額は2倍以上に増えている。

イ 1975年と1987年を比べると，従業者数の上位3位までの産業の順位は変わらない。

ウ 1975年の電気機械の製造品出荷額と従業者数は，どちらも全体の半分以下であったが，1987年はどちらも全体の半分を超えている。

エ 1975年と1987年を比べると，輸送用機械の製造品出荷額は減少しているが，従業者数は増えている。

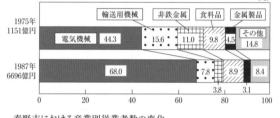

秦野市における製造品出荷額の割合の変化

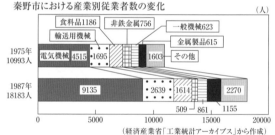

秦野市における産業別従業者数の変化

（経済産業省「工業統計アーカイブス」から作成）

こう考える ▶ まずはグラフを無視して選択肢（せんたくし）を読む。そのことにより，注目すべきポイントをしぼって判断することができる。

ア 食料品の製造品出荷額が2倍以上に

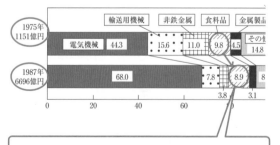

```
1975年　1151億円×9.8%（0.098）＝112.7…億円
1987年　6696億円×8.9%（0.089）＝595.9…億円
　　　　　　　　　　　　　　　　　　　→正しい！
```

イ 従業者数の上位3位までの産業が変わっていない

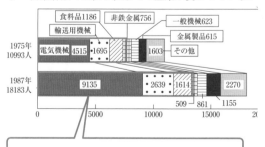

```
1975年　1位電気機械，2位輸送用機械，3位食料品
1987年　1位電気機械，2位輸送用機械，3位食料品
　　　　　　　　　　　　　　　　　　　→正しい！
```

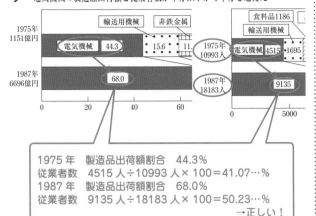

ウ 電気機械の製造出荷額と従業者数が半分以下から半分を超えた

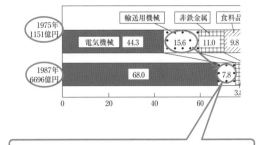

エ 輸送用機械の製造品出荷額が減少し従業者数が増加

1975年　製造品出荷額割合　44.3%
従業者数　4515人÷10993人×100＝41.07…%
1987年　製造品出荷額割合　68.0%
従業者数　9135人÷18183人×100＝50.23…%
　　　　　　　　　　　　　　　　→正しい！

1975年　1151億円×15.6%（0.156）＝179.5…億円
1987年　6696億円×7.8%（0.078）＝522.2…億円
→1987年の方が増加しているから誤り！
従業者数まで調べなくてOK！

> **答え** エ

入試問題にチャレンジ

答え ➡ 別冊 P.7

1 右のグラフは，アルゼンチンとチリの1994年と2020年の輸出総額と輸出品目の割合をあらわしたものである。このグラフから読み取れることとして最も適するものを，次の**ア〜エ**の中から1つ選んで，記号で答えなさい。〈神奈川県〉

ア 1994年と2020年を比較すると，アルゼンチンとチリの輸出総額は両国とも5倍以上になっている。

イ 1994年において，アルゼンチンの輸出総額はチリの輸出総額の1.5倍を超えているが，2020年においては，アルゼンチンの輸出総額はチリの輸出総額の1.5倍に満たない。

ウ 1994年と2020年を比較すると，アルゼンチンの植物性油かすと肉類の輸出額は両方とも増加している。

エ チリの輸出総額に占める鉱産資源と鉱産品を合わせた割合は，1994年と2020年の両年とも4割に満たない。

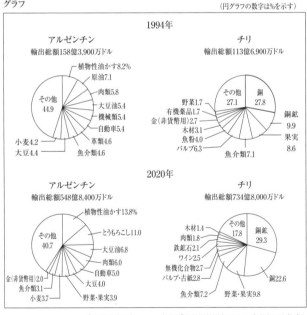

グラフ　（円グラフの数字は%を示す）

（『世界国勢図会1997/98年版』『世界国勢図会2022/23年版』により作成）

こう考える
例題とグラフのかたちが変わっても，まずは選択肢を読んで注目するポイントを整理するのは同じ。品目別の輸出額は「輸出総額×その品目の割合」で計算する！

27

2 次のグラフは，2014年，2017年，2020年のアメリカ合衆国における貿易額にしめる上位4か国の貿易相手国の割合について示したものである。グラフから読みとれる内容を述べた文として誤っているものを，あとの**ア～エ**の中から1つ選んで，記号で答えなさい。　〈埼玉県〉

グラフ　アメリカ合衆国の輸入総額・輸出総額とおもな貿易相手国（上位4か国）の割合

（世界国勢図会2022/23年版などから作成）

ア 2014年と2020年を比べると，アメリカ合衆国の貿易額にしめる割合は，輸出では2020年の上位4か国の中でカナダ以外は増加している。

イ 2020年における，アメリカ合衆国の貿易額にしめるカナダとメキシコを合わせた割合は，輸入では20%を，輸出では30%をそれぞれ上回る。

ウ アメリカ合衆国の日本に対する貿易は，2014年，2017年，2020年のいずれの年も輸入額が輸出額より少ない。

エ アメリカ合衆国の貿易額を比べると，2014年，2017年，2020年のいずれの年も輸入総額は輸出総額より多い。

3 右の資料1，2は，京浜工業地帯，中京工業地帯，関東内陸工業地域，京葉工業地域について，製造品出荷額等の推移と2019年の製造品出荷額等の割合を示したものである。資料1，2から読み取ることができる内容を述べた文として適切なものを，次の**ア～エ**の中から1つ選んで，記号で答えなさい。　〈富山県〉

ア 4つの工業地帯，地域すべてで，1990年の製造品出荷額等が最も大きい。

イ 1980年と2019年の製造品出荷額等をくらべると，京葉工業地域の増加額が最も大きい。

ウ 2019年では，4つの工業地帯，地域すべてで機械工業の製造品出荷額等の割合が最も大きい。

エ 2019年の金属工業の製造品出荷額等では，中京工業地帯が，京葉工業地域よりも大きい。

資料1　工業地帯，地域の製造品出荷額等の推移

（単位　千億円）

	1980年	1990年	2000年	2010年	2019年
京浜工業地帯	376	515	402	257	252
中京工業地帯	251	445	427	481	589
関東内陸工業地域	180	336	304	290	320
京葉工業地域	98	122	115	124	125

（「日本国勢図会2022/23」他より作成）

資料2　工業地帯，地域の製造品出荷額等の割合（2019年）

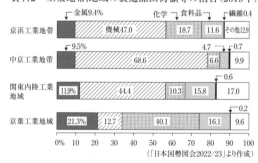

（「日本国勢図会2022/23」より作成）

こう考える

表とグラフが組み合わさった問題でも，まずは選択肢を読むのは同じ。
この問題では，製造品出荷額等の金額を調べるときは表，工業別の製造品出荷額等の割合を調べるときはグラフを用いる点に注意！

4 次のグラフについて述べた文として最も適当なものを，あとの**ア〜エ**の中から1つ選んで，記号で答えなさい。 〈愛知県〉

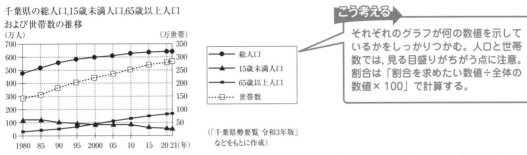

千葉県の総人口,15歳未満人口,65歳以上人口および世帯数の推移

（「千葉県勢要覧 令和3年版」などをもとに作成）

こう考える▶
それぞれのグラフが何の数値を示しているかをしっかりつかむ。人口と世帯数では，見る目盛りがちがう点に注意。割合は「割合を求めたい数値÷全体の数値×100」で計算する。

ア 総人口と世帯数を1985年と2021年で比較すると，一世帯あたりの人数は2021年のほうが少なくなっている。

イ 総人口と15歳未満（さいみまん）人口を1985年と2021年で比較すると，総人口に占める15歳未満人口の割合は，1985年に比べて2021年のほうが高い。

ウ 1980年から2021年までの間で5年ごとにみると，65歳以上人口はつねに増加しており，1995年では15歳未満人口よりも多くなっている。

エ 1980年から2021年までの間で5年ごとにみると，総人口はつねに50万人以上増加し，世帯数はつねに50万世帯以上増加している。

5 右のグラフは，ある班が「日本の食料問題」について考えるために作成したグラフであり，日本のおもな農産物の自給（りつ）率の推移を表したものである。グラフ中の**ア〜エ**のうち，米の自給率の推移と牛肉の自給率の推移を示しているものはそれぞれどれか，ある班がグラフについてまとめた次の文章を参考にして，**ア〜エ**の中から1つずつ選んで，記号で答えなさい。 〈京都府〉

日本のおもな農産物の自給率の推移

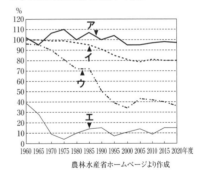

農林水産省ホームページより作成

小麦の自給率は，1960年度から1975年度にかけて大きく低下している。牛肉の自給率は，1960年度では90％以上であったが，2020年度では50％を下まわっている。新鮮さが求められる野菜も，海外からの空輸（くうゆ）が可能になったこともあり，1970年度以降，自給率が低下し，2020年度には約80％となっている。米は2020年度も依然（いぜん）として自給率90％以上の農産物である。

チャレンジ 「選択肢を読んでポイントを整理し，グラフを読んで確認する」という作業は一緒。まずは文章を読んで，問題を解くのに必要なポイントを整理しよう。

米 □　　牛肉 □

グラフがキライ
グラフがめんどうくさい②

ここに注目！で攻略

▶▶▶ # 工業地帯は機械と化学だけをチェック！

例題1

右の資料は，2019年の主な工業地帯・地域における工業別製造品出荷額の割合を表しており，A〜Dは京浜・中京・阪神工業地帯，瀬戸内工業地域のいずれかである。愛知県が含まれる工業地帯・地域をA〜Dの中から1つ選んで，記号で答えなさい。

〈徳島県〉

	金属	機械	化学	食料品	その他
A	9.4%	47.0	18.7	11.6	13.3
B	9.5%	68.6	6.6	10.6	4.7
C	20.9%	37.9	15.9	11.1	14.2
D	18.1%	35.1	22.3	7.8	16.7

（「日本国勢図会」2022/23年版より作成）

こう考える ▶ 製造品出荷額で**機械**が一番多いのが**中京工業地帯**，**化学**が多いのが**瀬戸内工業地域**。

ココだけ注目！

	金属	機械	化学	食料品	その他
A	9.4%	47.0	18.7	11.6	13.3
B	9.5%	68.6	6.6	10.6	4.7
C	20.9%	37.9	15.9	11.1	14.2
D	18.1%	35.1	22.3	7.8	16.7

（「日本国勢図会」2022/23年版より作成）

A〜Dの中で機械の割合が一番多いから，中京工業地帯（愛知県が含まれる）。

A〜Dの中で化学の割合が一番多いから，瀬戸内工業地域。

この2つを覚えておけばよいよ〜

答え B

裏ワザ

上の攻略法を使って，中京工業地帯や瀬戸内工業地域に含まれる都道府県のグラフもほとんど解ける。

例題2

右のグラフは，岡山県，愛知県の製造品出荷額等の内訳を示している。グラフの②にあてはまるものを，次のア〜エから1つ選んで，記号で答えなさい。

〈福岡県・改〉

ア 金属 イ 化学
ウ 機械 エ 食料品

岡山県は瀬戸内工業地域に含まれる県。したがって，岡山県のグラフで最も割合が大きい②は，イの化学があてはまる。

答え イ

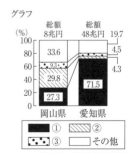

グラフ

(%)	総額8兆円	総額48兆円
	33.6	19.7
	9.3	4.5
	29.8	4.3
	27.3	71.5
	岡山県	愛知県

■ ① ▨ ②
▦ ③ □ その他

グラフは，2019年の統計
（2023年版「データでみる県勢」から作成）

1 次のA～Dのグラフは，それぞれ名古屋市，大阪市，広島市，福岡市のいずれかの都市を含む工業地帯や工業地域の2019年における工業別の出荷額の割合を示したものである。このうち，名古屋市を含む工業地帯のグラフを，A～Dの中から1つ選んで，記号で答えなさい。　　　〈北海道〉

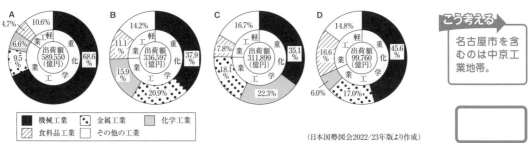

（日本国勢図会2022/23年版より作成）

こう考える

名古屋市を含むのは中京工業地帯。

2 右のグラフは，全国と瀬戸内工業地域の工業出荷額の総額と内訳をあらわしている。グラフ中のP，Q，Rにあてはまる組み合わせとして適当なものを，次のア～カの中から1つ選んで，記号で答えなさい。　　　〈福島県〉

グラフ　全国と瀬戸内工業地域の工業出荷額の総額と内訳

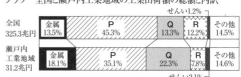

（日本国勢図会2022/23年版により作成）

こう考える

瀬戸内工業地域は石油化学工業がさかん。

ア	P 機械	Q 化学	R 食料品
イ	P 機械	Q 食料品	R 化学
ウ	P 化学	Q 機械	R 食料品
エ	P 化学	Q 食料品	R 機械
オ	P 食料品	Q 機械	R 化学
カ	P 食料品	Q 化学	R 機械

3 次のグラフのア～ウは，地図のX～Zで示した工業地帯のいずれかの製造品出荷額とその種類別の内訳を示したものである。このうち，地図のYの工業地帯を示したものを，ア～ウの中から1つ選んで，記号で答えなさい。また，他の工業地帯と比較してわかるYの工業地帯の特徴を，グラフが示す製造品出荷額，種類別の内訳に着目して簡潔に書きなさい。　　　〈長崎県〉

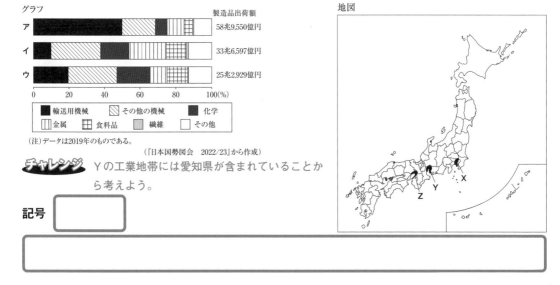

（注）データは2019年のものである。

（『日本国勢図会　2022/23』から作成）

チャレンジ Yの工業地帯には愛知県が含まれていることから考えよう。

記号　[　　　]

[　　　　　　　　　　　　　　　　　　　　　]

資料が出てくる問題ってキライ

たくさん数字が出てくるとイヤだ

ここに注目！で攻略

▶▶▶▶▶ **一番大きな数字に○をつければわかる！**

例 題

良太さんは，山梨県出身の建築家内藤多仲が，山梨県庁のほか，次の表1の塔を設計したことを知り，これらの塔が立つ六つの都道府県について調べ，表2にまとめた。**エ**に当てはまる都道府県の名前を書きなさい。　　〈山梨県〉

表1

塔の名前	所在地
名古屋テレビ塔	愛知県
通天閣	大阪府
別府タワー	大分県
さっぽろテレビ塔	北海道
東京タワー	東京都
博多ポートタワー	福岡県

ココは問題に関係ないので無視する！

これらの県がア～カのいずれかに該当する

表2　（人口・面積は2021年，農業生産額は2020年，製造品出荷額は2019年）
（「データでみる県勢」2023年版より作成）

都道府県 項目	人口（万人）	面積（km²）	農業生産額（億円）	製造品出荷額（億円）
山梨県	81	4465	974	25053
ア	752	5173	2893	481864
イ	111	6341	1208	43135
ウ	518	83424	12667	61336
エ	512	4987	1977	99760
オ	1401	2194	229	74207
カ	881	1905	311	172701

こう考える ▶ 最も大きい数字や小さい数字に注目する。

製造品出荷額が多い・・・ 愛知県

面積が大きい・・・・・・・ 北海道

人口が多い・・・・・・・・ 東京都

面積が小さい・・・・・・・ 大阪府

残った**イ・エ**のうち，人口の多い**エ**が福岡県。

答え 　福岡県

ココ は覚える よく出る1番○○な都道府県

面積が1番大きい北海道！

製造品出荷額が1番多い（2019年）愛知県！

人口が3番目に多い（2021年）＆面積が2番目に小さい大阪府！

人口が1番多い（2021年）東京都！

入試問題にチャレンジ

答え ➡ 別冊 P.9

1 資料の①〜④には，北海道，群馬県，島根県と，右の地図のX県のいずれかがあてはまる。X県はどれか。①〜④の中から1つ選んで，番号で答えなさい。　〈石川県〉

資料　　　　　　　　　　　　　　　　　　（2021年）

道県	農業生産額（億円）	道県内農業生産額の品目別割合(%)			人口密度（人/km²）
		米	野菜	畜産	
①	4,997	3.5	10.9	66.6	172
②	2,404	4.6	37.1	48.2	303
③	13,108	7.9	16.0	58.4	66
④	611	26.8	16.2	44.2	99

（農林水産省「生産農業所得統計」などにより作成）

地図

こう考える
北海道は農業生産額が1番高いというように，それぞれの道県の特徴を考えてみる。

2 資料は，A〜Fの人口と産業についてまとめたもので，資料のA〜Fには，略地図中の①〜⑥のいずれかの県があてはまる。CとFにあたる県を，略地図中の①〜⑥から1つずつ選んで，番号で答えなさい。　〈山形県〉

資料　　　　（輸送用機械の出荷額 2019 年，その他 2020 年）

	人口（千人）	海面漁獲量（千t）	果実の産出額（億円）	輸送用機械の出荷額（億円）
A	767	12	12	2016
B	7542	53	195	266844
C	810	—	650	1060
D	1035	26	23	1584
E	1979	—	54	11596
F	3633	184	254	42907

（『データでみる県勢 2023 版』から作成）
注：「−」は皆無であることを示している。

略地図

こう考える
海面漁獲量の数値が「−」となっている理由を考えよう。

C □

F □

3 表の**あ**〜**え**には，秋田県と右の地図の**A**〜**C**の府県のいずれかがあてはまる。秋田県を示すものを，1つ選んで記号で答えなさい。　〈秋田県〉

こう考える
昼夜間人口比率が 100 以上→夜間より昼間の人口が多い都心部。

表　秋田県と地図の **A**〜**C** の府県の比較

項目 府県	昼夜間人口比率（%）	65 歳以上の人口の比率(%)	食料自給率（%）
あ	88.3	27.9	24
い	96.3	30.8	25
う	99.8	38.1	205
え	104.4	27.7	1

昼夜間人口比率とは，夜間人口を 100 としたときの昼間人口の割合。

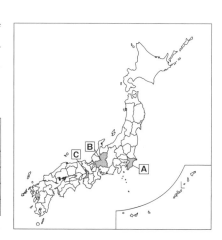

4 右の略地図は関東地方の7都県の区域を示している。次の表の**A**にあてはまる都県の区域を▯▯▯▯▯で，**C**にあてはまる都県の区域を▦▦▦で図示しなさい。〈愛知県〉

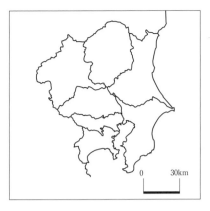

茨城県, 神奈川県, 千葉県, 東京都の農業産出額, 海面漁業漁獲量, 製造品出荷額等, 小売業年間商品販売額

都県名	農業産出額 （億円）	海面漁業 漁獲量 （t）	製造品 出荷額等 （億円）	小売業年間 商品販売額 （十億円）
A	4 417	302 213	126 383	3 162
B	3 853	99 143	125 846	6 406
C	659	30 599	178 722	9 377
D	229	45 535	74 207	20 574

（「データでみる県勢　2023年版」による）

5 次の表は図中に・で県庁所在地を示した8県の県庁所在地の降水量, 水田率, ため池数, 漁獲量（川や湖でとれるものを除く）を示したものである。表中の**A～D**のうち, 瀬戸内海に面していない県の組み合わせとして適切なものを, あとの**ア～カ**の中から1つ選んで, 記号で答えなさい。〈兵庫県〉

ア **A・B**　イ **A・C**
ウ **A・D**　エ **B・C**
オ **B・D**　カ **C・D**

表

県名	県庁所在地の 降水量（㎜）			水田率 （%） （2021年）	ため池数 （2022年）	漁獲量（万t） （2020年）		
	1月	7月	全年			海面 漁業	海面養 殖業	合計
A	59	357	2,666	75.6	389	6.5	1.8	8.3
B	201	189	1,931	68.3	971	9.1	0.2	9.3
山口	76	343	1,928	83.4	7,702	2.3	0.1	2.4
C	46	280	1,572	75.0	18,155	1.9	9.9	11.8
愛媛	51	224	1,405	47.0	3,147	8.1	6.7	14.8
D	38	188	1,278	91.6	22,047	4.2	7.6	11.8
岡山	36	177	1,143	78.6	9,373	0.3	2.1	2.4
香川	39	160	1,150	83.3	12,269	1.2	2.3	3.5

水田率は耕地面積のうち田が占める割合を示している。
海面漁業は遠洋漁業, 沖合漁業, 沿岸漁業のことをいう。

（『データでみる県勢』などより作成）

こう考える
1月の降水量が最も多いのはB。

6 表は東京など5つの都県それぞれの昼間人口, 夜間人口, 事業所数, 大学数を示したものである。これを見ると, 東京だけ夜間人口に比べ昼間人口の方が多いことがわかる。その理由を, 表をもとにして簡潔に書きなさい。〈北海道〉

こう考える
事業所数と大学数を, 東京とそのほかの県で比べてみる。

表

都県 ＼ 項目	昼間人口 （千人）	夜間人口 （千人）	事業所数 （千社）	大学数 （校）
東　京	16,752	14,048	812	143
茨　城	2,799	2,867	122	10
埼　玉	6,435	7,345	268	27
千　葉	5,550	6,284	215	27
神奈川	8,306	9,237	344	31

※　昼間人口, 夜間人口のデータは2020年, 事業所数及び大学数のデータは2021年。
夜間人口は, その都県に居住している人口。

（「データでみる県勢(日本国勢図会地域統計版)2023年版」より作成）

7 表は，九州地方の各県の農業産出額や工業製品出荷額などを比較したものである。大分県と宮崎県に当たるものを，表の**A〜E**の中から1つずつ選んで，記号で答えなさい。

〈熊本県〉

表

項目\県	農業産出額（億円）	農業産出額の内訳の一部（億円）				工業製造品出荷額（億円）	第3次産業就業者率（％）
		米	果実	野菜	畜産		
熊本県	3407	361	338	1221	1192	28706	70.2
A	1219	227	197	343	342	20839	68.5
B	1208	187	131	351	430	43135	70.7
C	4772	208	98	562	3120	20247	72.5
D	3348	173	129	681	2157	16523	69.5
E	1977	344	239	707	383	99760	77.7
長崎県	1491	104	140	471	532	17385	74.0
沖縄県	910	5	60	127	397	4990	81.7

（「データでみる県勢 2023」による）

(注) 農業産出額は，農産物の生産数量に販売価格（補助金等を含む）をかけたもの。
第3次産業就業者率は，第3次産業就業者が就業者総数に占める割合を示す。

大分県 [　　　]

宮崎県 [　　　]

8 表の**ア〜エ**には，日本および略地図の①〜③の国のいずれかが当てはまる。日本が当てはまるものを，**ア〜エ**の中から1つ選んで，記号で答えなさい。また，表から読みとれる日本の産業別就業人口の割合の特徴を，簡潔に書きなさい。

〈北海道〉

表

項目\国	人口（億人）	産業別就業人口の割合（％）			穀物自給率（％）
		第1次産業	第2次産業	第3次産業	
ア	0.6	4.0	26.4	69.6	60.4
イ	1.1	24.8	18.3	56.9	69.8
ウ	1.2	3.2	24.0	72.8	32.7
エ	2.3	38.3	24.7	37.0	112.0

（人口は2021年，産業別就業人口の割合のデータは2020年，穀物自給率のデータは2019年。世界国勢図会2022/23年版，データブック オブ・ザ・ワールド2023年版，総務省統計局「世界の統計2023年版」より作成）

略地図

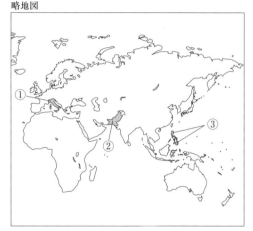

チャレンジ 穀物自給率の数値に注目しよう。

記号 [　　　]

[　　　　　　　　　　　　　　　　　　　　　　]

9 右の表は，7府県の府県庁所在地の人口等を示しており，表中の**A，B，C，D，E，F，G**は三重県，滋賀県，京都府，大阪府，兵庫県，奈良県，和歌山県のいずれかである。次の文章は，表中のどの府県について述べたものか。最も適当なものを，**A〜G**の中から1つ選んで，記号で答えなさい。

〈愛知県〉

7府県の府県庁所在地の人口，みかんの収穫量，海面漁業漁獲量，製造品出荷額等，過疎地域の面積，昼夜間人口比率

府県名	府県庁所在地の人口（人）	みかんの収穫量（t）	海面漁業漁獲量（t）	製造品出荷額等（億円）	過疎地域の面積（km²）	昼夜間人口比率
A	2 732 197	12 100	14 884	172 701	220	104.4
B	1 517 627	…	41 591	163 896	4 140	95.3
C	1 388 807	…	9 716	57 419	2 589	102.0
D	362 662	147 800	13 065	26 754	3 940	98.4
E	353 158	…	—	21 494	2 865	90.2
F	344 247	…	—	80 754	734	96.6
G	274 065	18 500	124 667	107 685	2 522	98.4

(注) 表中の「…」は不詳なこと，「—」はまったくないことを示している。
昼夜間人口比率は，常住（夜間）人口100人あたりの昼間人口である。

（「データでみる県勢 2023年版」による）

この府県は，地形で見ると，南部ではリアス（式）海岸が続いている。また，産業面で見ると，北部の臨海部は工業がさかんで，中京工業地帯に属している。

チャレンジ 文章中の「リアス（式）海岸」や「中京工業地帯」などがヒントになる。

[　　　]

覚えられない

生産地を全部覚えるのは無理

これだけ暗記！で攻略

▶▶▶▶ **4つを覚える！**

例題

(1) 右の円グラフは，ある農産物の都道府県別収穫量の割合（2021年）を表したものである。この農産物の名称を書きなさい。〈大分県〉

(2) 右の表は，2つの農産物について，2020年における生産量の全国の上位3県を示したものである。　**a**　と　**b**　にあてはまる農産物の組み合わせとして正しいものを，次の**ア～カ**の中から1つ選んで，記号で答えなさい。〈熊本県〉

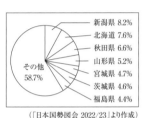

	新潟県 8.2%
	北海道 7.6%
	秋田県 6.6%
	山形県 5.2%
	宮城県 4.7%
	茨城県 4.6%
その他 58.7%	福島県 4.4%

（「日本国勢図会 2022/23」より作成）

ア（a 米　　　　b ほうれんそう）
イ（a 米　　　　b 小麦）
ウ（a キャベツ　b もも）
エ（a キャベツ　b ほうれんそう）
オ（a トマト　　b 小麦）
カ（a トマト　　b もも）

表

項目	a		b	
順位	県	生産量(t)	県	生産量(t)
1位	愛知県	262300	埼玉県	22700
2位	群馬県	256500	群馬県	22400
3位	千葉県	119500	千葉県	19400

（「日本国勢図会2022/23版」による）

こう考える

生産地をくわしく覚えるのは難しいので，米＝新潟県，野菜＝関東地方，果実＝青森県，山梨県，和歌山県，畜産＝九州地方と覚えておくとよい。

ココは覚える　おもな農産物の収穫量・生産額の都道府県別割合

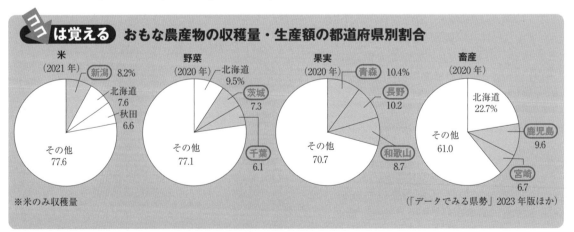

米（2021年）新潟 8.2%／北海道 7.6／秋田 6.6／その他 77.6

野菜（2020年）北海道 9.5%／茨城 7.3／千葉 6.1／その他 77.1

果実（2020年）青森 10.4%／長野 10.2／和歌山 8.7／その他 70.7

畜産（2020年）北海道 22.7%／鹿児島 9.6／宮崎 6.7／その他 61.0

※米のみ収穫量

（「データでみる県勢」2023年版ほか）

(1) 新潟県が1位なので，米のグラフだとわかる。

(2) a・bとも上位に関東地方の県があるので，a・bとも野菜が入る。

答え (1) 米　(2) エ

1 次の図は，米，野菜，果実，畜産について，それぞれの生産額（2020年）を地図に表したものである。米の生産額を表したものはどれか。**ア～エ**の中から１つ選んで，記号で答えなさい。〈栃木県〉

図

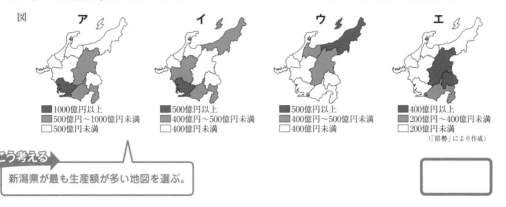

ア
- ■1000億円以上
- ■500億円～1000億円未満
- □500億円未満

イ
- ■500億円以上
- ■400億円～500億円未満
- □400億円未満

ウ
- ■500億円以上
- ■400億円～500億円未満
- □400億円未満

エ
- ■400億円以上
- ■200億円～400億円未満
- □200億円未満

（「県勢」により作成）

こう考える▶
新潟県が最も生産額が多い地図を選ぶ。

2 次の表は，右の略地図中の**A～D**の道県の統計資料である。表の⑧～⑨にあてはまる道県を，**A～C**の中からそれぞれ選んで，記号で答えなさい。〈鹿児島県〉

表

	農業総産出額（億円）	割合（％）			
		米	野菜	果実	畜産
⑧	2,526	59.5	12.7	3.6	19.2
ⓘ	1,226	12.2	16.1	43.4	21.0
⑨	12,667	9.5	16.9	0.5	57.9
D	3,853	16.6	35.9	2.9	31.0

統計年次は2020年
（データブックオブ・ザ・ワールド2023年版から作成）

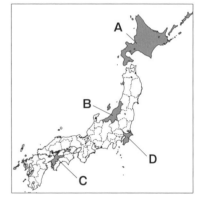

⑧ [　　　]　ⓘ [　　　]　⑨ [　　　]

3 グラフの**X～Z**は，米，野菜，畜産のいずれかの７地方別の産出額の割合を示している。グラフの**A～E**は，略地図**A～E**と同じ地方を示している。米，畜産にあたるものを**X～Z**の中から１つずつ選んで，記号で答えなさい。〈福岡県〉

〈グラフ〉

X	10.9	15.5	19.8	5.5	27.1	11.7	9.5
Y	8.4	8.5	26.5	4.2 16.0	13.7	22.7	
Z	9.2	21.9	9.7	8.8	15.5	27.7	7.2

0　　20　　40　　60　　80　　100（%）

■A ⠿B ▨C ◫D ▧E ▥東北 □北海道

合計が100%になるように調整していない。　グラフは，2020年の統計
（2023年版「データでみる県勢」から作成）

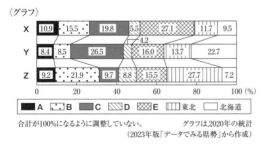

チャレンジ　米，野菜，畜産それぞれについて，特色のある地方の割合をチェックしよう。

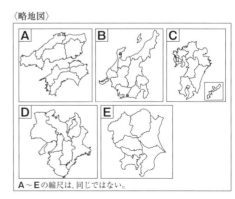

A～Eの縮尺は，同じではない。

米 [　　　]　　畜産 [　　　]

計算がニガテ

割合の計算がむずかしい

これだけ暗記！で攻略

▶▶▶ $\dfrac{一部}{全体} \times 100$ で計算！

例題1

表は，2019年の各県における製造品出荷額等の総計と，そのうちの輸送用機械器具の出荷額を示したものである。また，略地図は，表をもとに，各県の製造品出荷額等の総計に占める輸送用機械器具の出荷額の割合について作図しようとしているものである。このうち，静岡県と愛知県について，凡例に従って作図をおこない，略地図の中に書きなさい。

〈香川県〉

表

県名	製造品出荷額等の総計（百億円）	輸送用機械器具の出荷額（百億円）
新潟	496	24
富山	391	16
石川	301	17
福井	226	20
山梨	248	11
長野	616	40
岐阜	591	116
静岡	1715	428
愛知	4792	2666

「データブック・オブ・ザ・ワールド2023」により作成

略地図

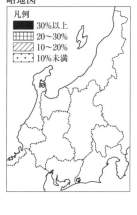

凡例
- 30%以上
- 20〜30%
- 10〜20%
- 10%未満

こう考える 作図の問題などで，割合の計算が求められる問題が出題される。計算方法をマスターしょう。

①都道府県の位置を確認する。

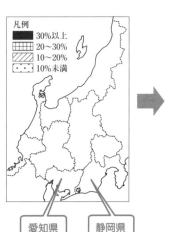

凡例
- 30%以上
- 20〜30%
- 10〜20%
- 10%未満

愛知県　静岡県

②表から割合を計算する。

表

県名	製造品出荷額等の総計（百億円）	輸送用機械器具の出荷額（百億円）
新潟	496	24
富山	391	16
石川	301	17
福井	226	20
山梨	248	11
長野	616	40
岐阜	591	116
静岡	1715	428
愛知	4792	2666

数字をチェック！
割合は「輸送用機械器具の出荷額÷製造品出荷額等の総計×100」で計算。

ココ は覚える 割合を求めたいとき

$\dfrac{求めたい一部分}{全体} \times 100$ で計算する。

静岡県　428百億円÷1715百億円×100
＝24.956…%

愛知県　2666百億円÷4792百億円×100
＝55.634…%

③凡例模様のどこにあてはまるかを見る。

④模様をぬる。

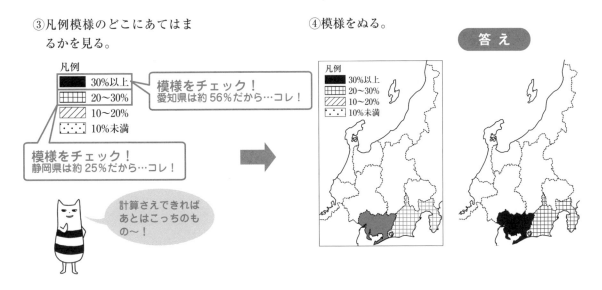

凡例
■ 30%以上
▦ 20～30%
▨ 10～20%
⣿ 10%未満

模様をチェック！
愛知県は約56%だから…コレ！

模様をチェック！
静岡県は約25%だから…コレ！

計算さえできれば
あとはこっちのもの～！

凡例
■ 30%以上
▦ 20～30%
▨ 10～20%
⣿ 10%未満

入試問題にチャレンジ

答え ➡ 別冊 P.11

1 資料1は，全国と三重県の産業別就業者数を示した表，資料2は，資料1を円グラフであらわす途中のものである。資料2に示した全国の産業別就業者割合の円グラフの例にならって，三重県の産業別就業者割合を表す円グラフを完成させなさい。なお，計算した結果（%）は，小数第1位を四捨五入すること。　〈三重県〉

〈資料1〉

	全国（万人）	三重県（万人）
第1次産業	212.8	2.9
第2次産業	1,531.7	29.4
第3次産業	4,802.3	59.6
合計	6,546.8	91.9

注：第3次産業には分類不能を含む。産業別就業者数について，四捨五入の関係から，必ずしも合計と一致しない。
（「データでみる県勢2023」，ほかから作成）

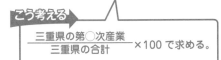
三重県の第○次産業
───────────── ×100 で求める。
三重県の合計

〈資料2〉
【全国の産業別就業者割合】
【三重県の産業別就業者割合】

（円グラフ 全国：4%, 10, 23%, 73%）
（円グラフ 三重県：3%, 10）

▦ 第1次産業　⣿ 第2次産業　▨ 第3次産業

2 次の表は，メキシコの2020年における日本への輸出総額とその内訳を示したものである。グラフは，表の輸出品目の輸出額をもとにして作成したもので，輸出品目①と②について未完成となっている。未完成の部分を書き入れグラフを完成させなさい。ただし，割合は小数第1位を四捨五入して書き入れること。　〈北海道〉

表

輸出品目	輸出額（億円）
① 機械類	2,176
② 肉類	671
③ 果実	397
④ 科学光学機器	384
⑤ 自動車	328
⑥ その他	1,858
輸出総額	5,814

（日本国勢図会 2022/23 版より作成）

グラフ　日本への輸出総額に占める輸出品目の輸出額の割合（2020年）

輸出総額
5814億円

| | ③ 7% | ④ 7% | ⑤ 6% | ⑥ 31% |

0　　20　　40　　60　　80　　100%

覚えられない
アルファベットが覚えられない
ここに注目！で攻略

▶▶▶▶ 一部の文字から想像して覚える！

例題

右の文章の下線部について，日本が加盟しているものを，次の**ア〜エ**の中から1つ選んで記号で答えなさい。〈岐阜県〉

ア APEC **イ** ASEAN
ウ EU **エ** NAFTA

［るみさんのまとめ］地域社会とわたしたち国際社会の学習では，特定の地域でまとまりをつくり，そこで協調や協力を強めようとする動きがあることを知った。

こう考える ▶ 地域統合のアルファベットは**一部の文字**に注目して覚える。

ア ⒜PEC…アジア太平洋経済協力会議

Asia（アジア）

> 最初がAなのでアジアの地域統合ということが想像できる。2文字目のPは，Pacific（太平洋）を意味し，アジア太平洋経済協力会議を示す。日本も加盟している。

イ A⒮⒠AN…東南アジア諸国連合

Southeast（東南）

> 最初がAなのでアジアの地域統合ということが想像できる。そのあとがSEなら，Southeast(東南)を意味し，東南アジア諸国連合を示す。日本は加盟していない。

ウ ⒠U…ヨーロッパ連合

European（ヨーロッパの）

> ヨーロッパの地域統合組織。2023年6月現在27か国が加盟。

エ ⓃAFTA…北米自由貿易協定

North American（北アメリカ州の）

> アメリカ，カナダ，メキシコの3か国間の自由貿易協定。2018年からはUSMCAに変更。

答え **ア**

ココは覚える ほかによく出てくるアルファベットは…

PKO…国連平和維持活動。世界の紛争の拡大防止や休戦の監視をする。
WTO…世界貿易機関。自由な貿易を推進するための組織。
ODA…政府開発援助。発展途上国に対して，先進工業国（先進国）の政府が行う資金援助や技術協力。

裏ワザ

内容をくわしく問われる地域統合はほぼEUのみ。人やものの行き来を自由にしていること，一部をのぞいてユーロという共通通貨を使用していることを覚えていればよい。

1 近年, アジアをはじめとする海外に工場をつくる日本の企業が増え, 日本経済と世界経済との結びつきは一層強まっている。太平洋沿岸地域の各国の経済交流と協力関係を活発にするために開かれ, 2023 年現在, 日本も参加している「アジア太平洋経済協力会議」の略称はどれか。次の**ア～エ**の中から 1 つ選んで, 記号で答えなさい。　〈京都府〉

ア UNESCO　**イ** NAFTA　**ウ** APEC　**エ** ASEAN

> **こう考える**
> 問題文中の「日本も参加している」に注目。

2 次のグラフは, 京都議定書で定められた削減目標に向けての取り組みがはじまったあとの, 2020 年の世界の二酸化炭素の総排出量と, 国・地域別の二酸化炭素の排出量の割合を示している。グラフ中の**あ**には, 共通通貨の使用など, 経済や政治の分野での統合をめざす, ある地域の組織の名称がはいる。二酸化炭素の排出量削減に積極的な, ドイツなどが加盟する, この組織の略称を, アルファベットで書きなさい。　〈静岡県・改〉

注1　環境省資料により作成
注2　**あ**については,2020年の時点で加盟していた27か国分の合計を示している。

3 世界における地域的な経済協力について調べるため, 次の表を作った。表は, 2021 年における, 地図中の①～④の国の, 主な輸出相手国と輸出総額を表したものであり, 表中の**a～d**は, それぞれ①～④のいずれかに当たる。**b**に当たる国を①～④から 1 つ選び, その番号と国名を書きなさい。また, その国が属する地域的な経済協力の組織の略称を, あとの**ア～エ**の中から 1 つ選んで, 記号で答えなさい。　〈愛媛県・改〉

項目	輸出額の割合が上位3位までの相手国			輸出総額
国	第1位	第2位	第3位	（百万ドル）
a	ドイツ 14.0%	イタリア 7.9	ベルギー 7.6	585,148
b	アメリカ合衆国 78.1%	カナダ 2.6	中国 1.8	494,596
c	中国 23.2%	アメリカ合衆国 11.2%	日本 7.7	231,522
d	ブラジル 15.1%	中国 7.9	アメリカ合衆国 6.4	77,934

（注）相手国の名の下の数値は, それぞれの輸出額の輸出総額に占める割合を表している。　　　（2023 年版　世界の統計による）

地図

ア ASEAN　**イ** APEC
ウ USMCA　**エ** WTO

> **チャレンジ** 輸出額の割合が大きい国は, 密接に結びついている国だということから考える。

番号 [　　　] 国名 [　　　] 組織 [　　　]

覚えられない
昔のくらしって想像できなくて覚えにくい

イメージで攻略

▶▶▶▶ **絵で覚えよう！**

例題

弥生時代の様子について述べた文はどれか。次の**ア〜エ**の中から1つ選んで，記号で答えなさい。

〈千葉県〉

ア 大陸から渡来した人々によって稲作や青銅器・鉄器が伝えられ，人々は高床倉庫などに米をたくわえるようになった。

イ 磨製石器がつくられるようになり，人々は弓矢を使って狩りをし，たて穴住居に住むようになった。

ウ 大陸から渡来した人々が，漢字・儒教などの新しい知識・文化や，製鉄などの進んだ技術を伝えた。

エ 陸地の多くを氷河がおおう厳しい環境の中で，人々は打製石器を使って狩りをし，獲物を追って移動する生活を送っていた。

こう考える ▶ それぞれの時代の特徴を絵や写真で覚えよう。

ココは覚える 旧石器〜古墳時代のくらしの様子

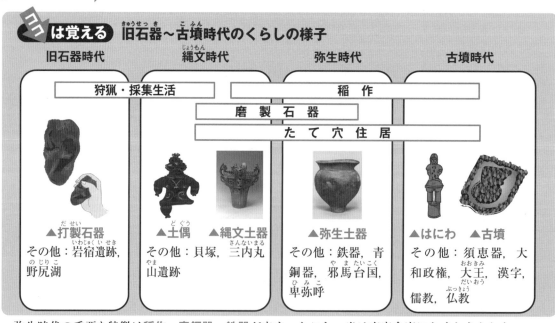

弥生時代の重要な特徴は稲作，青銅器，鉄器が広まったこと。米は高床倉庫にたくわえられた。

答え **ア**

42

1 次の各文は，人々が集落をつくり，生活を営むようになったころの日本のようすについて述べたものである。次の**ア～ウ**について年代の古いものから順に記号で答えなさい。　〈大阪府〉

ア 大陸から渡来した人々によって稲作が伝えられた。

イ 縄目のような文様をつけた土器がつくられ始めた。

ウ 古墳の墳丘に埴輪（はにわ）が並べられるようになった。

 こう考える

アの稲作，イの縄目，ウの埴輪の
キーワードからわかる。

　　→　　　　→

2 Ⅰ～Ⅲについて，年代の古い順に並べられたものを，あとの**ア～カ**の中から1つ選んで，記号で答えなさい。　〈茨城県〉

Ⅰ 日本最大の大仙古墳（だいせん）（大山古墳）がつくられた。

Ⅱ 卑弥呼が魏（ぎ）の皇帝から金印を授けられた。

Ⅲ たて穴住居に住み，縄文土器をつくり始めた。

ア Ⅰ—Ⅱ—Ⅲ　　**イ** Ⅰ—Ⅲ—Ⅱ

ウ Ⅱ—Ⅰ—Ⅲ　　**エ** Ⅱ—Ⅲ—Ⅰ

オ Ⅲ—Ⅰ—Ⅱ　　**カ** Ⅲ—Ⅱ—Ⅰ

3 Lさんのカードに関して，この鉄剣に文字が刻まれた時代のことがらとして最も適するものを，次の**ア～エ**の中から1つ選んで，記号で答えなさい。　〈神奈川県・改〉

ア 律令（りつりょう）がつくられ，中央政府から派遣された国司に地方の政治が任されていた。

イ 奈良（なら）盆地と大阪（おおさか）南部を基盤とする勢力が統一した政権をつくり，各地の豪族を支配していた。

ウ 統一した政権は成立しておらず，各地に小国が分立していた。

エ 下剋上（げこくじょう）の風潮の中，実力で力を伸ばした戦国大名が自分の領国を支配していた。

> Lさんのカード
>
> わたしは，埼玉（さいたま）県の県立さきたま史跡の博物館に行きました。ここには，「大王」の文字が刻まれた国宝の鉄剣が展示されていました。

4 漢（かん）（後漢（ごかん））の皇帝から金印が授けられたころの日本のようすについて述べた文として正しいものを，次の**ア～エ**の中から1つ選んで，記号で答えなさい。　〈島根県・改〉

ア 大和地方に前方後円墳（ぜんぽうこうえんふん）とよばれる巨大な古墳がつくられるようになった。

イ 稲作がさかんになって社会のしくみが急速に変わり，小さな国々が現れた。

ウ 大宝律令（たいほうりつりょう）が完成し，天皇を中心とする律令国家のしくみが整った。

エ 聖徳太子（しょうとくたいし）や蘇我（そが）氏が，百済（くだら）（ひゃくさい）から伝えられた仏教（ぶっきょう）を広めようとした。

 チャレンジ　漢（後漢）から金印が授けられたのは1世紀（弥生時代）。

\見分けがつかない/
改革の見分けがつかない

イメージで攻略

▶▶▶▶ **結果で見分ける！**

例題

次の**ア**～**エ**の文章は，江戸幕府が行った財政再建や政治改革のための取り組みについて述べたものである。それぞれの取り組みを年代の古いものから順に並べ，その記号を答えなさい。〈千葉県〉

ア きびしい倹約令を出して，ぜいたく品を禁止し，出版や風俗を取り締まった。また，物価を下げるために，株仲間の解散を命じた。さらに，江戸・大阪周辺の大名領を幕府領にしようとした。

イ 江戸などに出てきた農民を故郷に帰し，凶作や飢饉に備えるため，農村に倉を設けて米を蓄えさせ，商品作物の栽培を制限した。また，旗本・御家人の借金を帳消しにした。

ウ 武士に質素・倹約をすすめるとともに，幕府の収入を増やすため，年貢の率を引き上げた。また，公事方御定書という裁判の基準となる法律も整備した。

エ 商人の力を利用して幕府の財政を立て直そうとした。株仲間を奨励し，これに特権を与えるかわりに税をとった。

こう考える ▶ 江戸時代の改革・政治は，特徴的な政策を覚えておけば，ほとんどの問題を解くことができる。結果と一緒におさえておくと覚えやすい。

ココ は覚える 江戸時代の改革

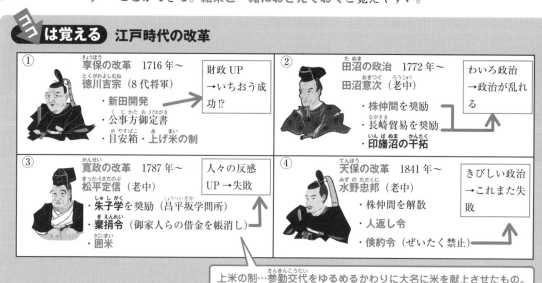

ア 「株仲間の解散」→天保の改革，**イ** 「借金を帳消し」（＝棄捐令）→寛政の改革，**ウ** 「公事方御定書」→享保の改革，**エ** 「株仲間を奨励」→田沼の政治。

答え ウ→エ→イ→ア

1 田沼意次の政策として適当なものを，次の**ア**〜**エ**の中から1つ選んで，記号で答えなさい。〈福島県〉

ア 旗本や御家人の生活難を救うために，町人からの借金を帳消しにした。

イ ぜいたく品を禁止するとともに，株仲間を解散させ，物価の引き下げをはかろうとした。

ウ 参勤交代をゆるめ，その代わりに大名に米を献上させるなど，財政再建を行った。

エ 長崎からの銅や海産物の輸出を奨励するなど，商業の発展を重視した。

こう考える
アの「借金を帳消し」，イの「株仲間を解散」，ウの「大名に米を献上…」，エの「長崎からの…」に注目する。

2 右の表の下線部について，次の文は，この政策について述べたものである。文中の（　**X**　），（　**Y**　）にあてはまる人物名や語句は何か。そのことばを書きなさい。〈岩手県〉

この政策は，わいろがさかんになり，政治が乱れたあとに老中になった（　**X**　）が実行した（　**Y**　）の改革のうちの一つである。

年代	政治に関することがら
18世紀ころ	江戸に出た農民を故郷に帰すなど，<u>農村の立て直しをめざす政策</u>が行われた。
19世紀ころ	江戸・大阪周辺を幕府の領地にすることや，株仲間の解散が命じられた。

X ［　　　　　　　　　　］　　Y ［　　　　　　　　　　］

3 右のグラフを見て，次の問いに答えなさい。〈香川県〉

(1)グラフは，江戸時代を中心とする時期の耕地面積の推移を示したものである。このグラフから，1600年ごろに比べて，1720年ごろの耕地面積が大幅に増えていることがわかる。それはなぜか。その理由を，次の空欄を埋める形で簡潔に書きなさい。

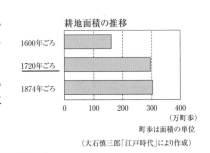

耕地面積の推移

町歩は面積の単位
（大石慎三郎「江戸時代」により作成）

幕府や藩によって，（　　　　　　　　　　　　　）がおこなわれたから。

(2)グラフ中の下線部に1720年ごろとあるが，このころ，農民に対しては年貢を重くし，諸藩には参勤交代をゆるめるかわりに米を献上させるなどして，幕府の財政再建をすすめた政治改革は何と呼ばれるか。その呼び名を書きなさい。

チャレンジ 「米を献上させる」より，8代将軍が行った政治改革を考える。

覚えられない
幕末はこんがらがる

ここに注目！で攻略

▶▶▶▶ **主役をおさえる！**

例題

1 幕末のできごとについて，次の**ア～ウ**のできごとが，年代の古い順に左から右に並ぶように，記号**ア～ウ**を用いて答えなさい。　〈香川県〉
　ア 坂本竜馬（龍馬）らのなかだちにより，薩摩藩と長州藩との間で同盟が結ばれる
　イ イギリスなどの艦隊から攻撃を受け，長州藩の下関砲台が占領される
　ウ 日米修好通商条約が結ばれ，神奈川（横浜）などで外国との自由な貿易がはじめられる
2 次の**ア～ウ**は，日米修好通商条約の締結から大政奉還までの間におこったできごとである。年代の古いものから順に，記号で答えなさい。　〈熊本県〉
　ア 大老の井伊直弼が水戸藩などの浪士によって暗殺された。
　イ 坂本竜馬（龍馬）らの仲立ちで薩長同盟が結ばれた。
　ウ 安政の大獄で幕府の政治に反対する人々が弾圧された。

こう考える 幕末の流れを**主役**に注目して**整理**すると，出題の多いならべかえの問題にも対応できる。

ココは覚える **幕末の流れ年表**

> 主役となる人物や組織をチェック！

年号	できごと	内容
1854	日米和親条約	1853年にペリーが浦賀に来航した翌年に，ペリーと締結
1858	日米修好通商条約	大老井伊直弼が朝廷の許可を得ずに締結
1860	桜田門外の変	井伊直弼が尊王派の武士に暗殺される
1866	薩長同盟	薩摩藩と長州藩が坂本竜（龍）馬の仲立ちで同盟を結ぶ
1867	大政奉還	15代将軍徳川慶喜が政権を朝廷に返した
	王政復古の大号令	朝廷が政治をとることを宣言
1868	戊辰戦争	幕府軍が反乱をおこす（鳥羽・伏見の戦いなど）

1 開国後，長州藩や薩摩藩が攘夷を行い，外国に反撃された。攘夷が不可能だと理解した両藩は，薩長同盟を結び，倒幕に動き始めた。
2 開国後，大老の井伊直弼は幕府に反対する者を処罰したが，その翌年に桜田門外で暗殺された。薩長同盟は，その後のできごとである。

答え 1 **ウ→イ→ア** 2 **ウ→ア→イ**

1 右の資料の下線部について，このとき徳川慶喜は大政奉還を
おこなった。大政奉還とは何か。簡潔に書きなさい。

〈群馬県・改〉

資料

世紀	世の中を変えたできごと
19	・江戸幕府が滅びる。 ・第 1 回帝国議会が開かれる。

2 15 代将軍徳川慶喜は，京都の二条城で大政奉還の決意を幕臣らに伝えた。この後におきたことに
ついて述べた次の文の｛ ｝a，b に当てはまることばを，それぞれア，イから選んで，記号で答
えなさい。

〈北海道・改〉

徳川慶喜は，新政府から官職と領地の返還を迫られ，新政府への参加をゆるされなかった。この
ことを不満とした旧幕府軍は，a｛ア 下関 イ 鳥羽・伏見｝で新政府軍と戦いを始めた。そ
の後，新政府軍と各地で戦いをくりひろげ，函館での戦いを最後に新政府軍に降伏した。これら
の戦いを b｛ア 戊辰戦争 イ 西南戦争｝という。

こう考える▶
「旧幕府軍」という語句に注目する。

a ｜ ｜　　b ｜ ｜

3 次の資料は，19 世紀中ごろに結ばれたある条約の影響の一つを整理したものである。現在，観光
資源になっている下線部が各都市につくられた理由を，条約名と次の語を用いて書きなさい。

〔外国人〕

〈秋田県〉

資料　各都市の観光キャッチコピー

・函館市…「和洋折衷住宅」の魅力発見
・横浜市…「外国人墓地」周辺で歴史探訪
・神戸市…「異人館」で異国情緒を満喫

（各自治体ホームページなどから作成）

4 略年表を見て，次の問いに答えなさい。

〈新潟県〉

(1) 下線部分 a について，4 隻の軍艦を率いて来航し，
江戸幕府に開国をせまった人物はだれか。次のア～エ
の中から 1 つ選んで，記号で答えなさい。

ア ビゴー　　　　イ ラクスマン
ウ ザビエル　　　エ ペリー

年代	日本のできごと
1853	a 4 隻の軍艦が浦賀に来る。
1864	b 4 か国の連合艦隊が下関を攻撃する。

(2) 下線部分 b のできごとのあとに，長州藩が，対立していた薩摩藩との間で同盟を結ぶまでの経
過を，「攘夷」，「坂本竜馬」，「倒幕」の 3 つの語句を用いて書きなさい。

チャレンジ 長州藩，薩摩藩はもともと仲が悪かったが，幕府の政治への不満は共通していた。

覚えられない

明治維新もこんがらがる

これだけ暗記！で攻略

▶▶▶▶ **重要な５つを覚えよう！**

例題

明治政府の近代化政策について，次の問いに答えなさい。　〈三重県〉

(1)政府が全国を直接治める中央集権国家をつくりあげるために行った版籍奉還について述べた文として最も適当なものはどれか。次の**ア〜エ**の中から１つ選んで，記号で答えなさい。

　ア　中央から府知事・県令を派遣して治めさせた。

　イ　中央から国司を派遣して治めさせた。

　ウ　諸大名から領地と領民を天皇に返させた。

　エ　将軍から政権を天皇に返した。

(2)税制について，次の資料は，政府が収入を安定させ，財政の基礎を固めるために，1873年から実施した改革の内容を示したものである。資料に示した改革を何というか，書きなさい。

資料

・土地の所有者と価格（地価）を定め，地券を発行する。 ・課税の基準を収穫高から地価に変更する。 ・税率は地価の３％とし，土地の所有者が現金でおさめる。

こう考える ▶ 明治維新の政策は数が多いが，**基本の５政策を覚えるだけ**で，多くの問題を解くことができる。

ココは覚える ５つの政策

こうやって見ると意外に少ないね。

①版籍奉還	各藩が土地と人民を天皇に返す	中央集権化
②廃藩置県	藩を廃止し，国が県を置く	
③地租改正	地券を発行し，地租を現金で納めさせる※	富国強兵
④徴兵令	軍隊をつくり，国民に兵役の義務を課す	
⑤学制	６歳以上の男女に小学校教育を行う	

※　1873年：地価の３％→地租改正反対一揆が起き，1877年2.5％に減額。

(1)版籍奉還は**中央集権化**の政策の１つ。

(2)「地券を発行」，「３％」を「現金で」がヒント。

答え (1)　**ウ**　(2)　**地租改正**

1 年表中のⅠの時期に，我が国で起こったできごとについて述べた，次の文中の　X　，　Y　に当てはまる語句を，それぞれ書きなさい。〈新潟県〉

年代	日本のできごと
1867	政権が朝廷に返される。
1875	樺太・千島交換条約を結ぶ。

中央集権国家の建設を目指した政府は　X　を実施し，府知事や県令（知事）を派遣することで，全国を政府の直接支配のもとにおいた。また，近代化を進めるためには教育の普及が必要であるとして，　Y　を公布し，全国に小学校がつくられることとなった。

こう考える
Xの後ろにある「府知事や県令」，Yの後ろにある「小学校」から語句を考える。

X 〔　　　　　〕　　Y 〔　　　　　〕

2 1873 年に始まった地租改正について，次の文中の　Ⅰ　，　Ⅱ　に当てはまる語の組み合わせとして正しいものはどれか。〈栃木県〉

明治政府は財源の安定をめざして，地租改正を行った。政府は全国の土地を調査して課税の基準を　Ⅰ　とし，納めるものを　Ⅱ　に変更した。

ア Ⅰ―地価　Ⅱ―米　　　　　　**イ** Ⅰ―収穫高　Ⅱ―現金（貨幣）
ウ Ⅰ―地価　Ⅱ―現金（貨幣）　**エ** Ⅰ―収穫高　Ⅱ―米

〔　　　　　〕

3 次の文章は廃藩置県に関してまとめたものである。文章中の　X　と　Y　にあてはまる語句として正しいものを，　X　はⅠ群のア～ウの中から，　Y　はⅡ群のa～cの中から1つずつ選んで，記号で答えなさい。〈埼玉県〉

新政府は，近代国家をめざし　X　化を進めた。そのための政策として，版籍奉還で土地と人民を政府に返させた。これに続いて，新政府は，廃藩置県により藩を廃止して県を置き，　Y　。

Ⅰ群　**ア** 社会主義　**イ** 中央集権　**ウ** 地方分権
Ⅱ群　**a** 各府県に，府知事や県令を派遣した
　　　b 住民による選挙で，各都道府県の知事を選ばせた
　　　c 旧藩主を，そのまま地方の政治にあたらせた

チャレンジ 現在とことなる当時の役職の名前から考える。

X 〔　　　　　〕　　Y 〔　　　　　〕

覚えられない
第二次世界大戦後をかんたんに覚えたい

これだけ暗記！で攻略

▶▶▶▶ 財農教だけ！

例題

　1925年から1956年の時期のある期間に，ＧＨＱ（連合国軍最高司令官総司令部）のもと，民主化政策が進められた。次の文章は，そのうちの1つである　X　について述べたものである。文章中の　X　と　Y　にあてはまる語をそれぞれ書き，文章を完成させなさい。　〈埼玉県〉

　右の資料は，1930年と1950年における，全国の小作地面積を示したものである。民主化政策のうち，経済の面において，農村では　X　が行われ，　Y　が所有していた小作地が小作人にあたえられた。これにより，多くの自作農が生まれるとともに，それまでの　Y　・小作関係が改められた。この結果，資料にみられるように，1930年と比べ1950年には小作地が減少した。

資料

年	小作地面積（千 ha）
1930 年	2801
1950 年	521

（近代日本経済史要覧から作成）

こう考える
　第二次世界大戦後の歴史でよく出るのは，戦後改革と経済復興。これらをおさえておけば，戦後の問題の多くを解けるようになる。特に，戦後改革はその頭文字から財農教と覚えておくとよい。

①戦後改革＝ＧＨＱ主導の民主化政策
・日本国憲法
　…国民主権，平和主義，基本的人権の尊重
・財閥解体…巨大な企業を分割
・農地改革…自作農を増加させる
・教育基本法…教育の民主化

②経済復興
・特需景気
　…朝鮮戦争の特需で経済復興
・高度経済成長
　…1955年から1973年の間におこった
　（東京オリンピック，東海道新幹線開通）
→1973年の石油危機により高度経済成長が終わる。

頭文字を覚えていると，何となく内容も想像できるかも〜

　農村で行われた民主化政策は農地改革。この改革まで，小作人は地主に小作料を払って土地を借りて，農業を行っていた。

答え　X　農地改革　Y　地主

1 右の年表の**あ**の時期に起きた日本のできごととして適切でないものを，次の**1〜4**の中から１つ
選んで，番号で答えなさい。　　　　　　　　　　　　　　　　　　　　　　　　　　　　　〈青森県〉

1 教育基本法の公布
2 労働組合法の公布
3 農地改革の実施
4 国際連合への加盟

年代	できごと
1945 年	ポツダム宣言を受け入れる
	あ ↕
1951 年	日本が独立を回復する

こう考える
戦後改革の㉙㊈㊙を思い出す。

2 農地改革以降の農村について述べた文として適切なものを，次の**ア〜エ**の中から１つ選んで，記号
で答えなさい。　　　　　　　　　　　　　　　　　　　　　　　　　　　　　　　　　　〈兵庫県〉

ア 世界恐慌でアメリカに生糸が売れず，農家は打撃を受けた。
イ 生活に苦しむ農民たちが役所などをおそう秩父事件がおきた。
ウ 富山県ではじまった米騒動は，新聞報道を通じて，全国各地に広まった。
エ 高度経済成長にともない，農村の過疎化が進んだ。

3 1951 年〜 1973 年の時期には，日本の経済が著しく成長した。この時期にあてはまるできごとを，
次の**ア〜エ**の中から２つ選んで，記号で答えなさい。　　　　　　　　　　　　　　　〈滋賀県・改〉

ア 株や土地の価格が上がり，バブル経済といわれる好景気となった。
イ 名神高速道路が開通し，東京でオリンピックが開かれた。
ウ 大気汚染などの公害が深刻化し，公害対策基本法が制定された。
エ サッカーのワールドカップが，韓国との共催で開催された。

4 次の文は年表中の **A** についての説明である。 **A** に当てはまる語を書きなさい。 〈栃木県〉

　中東でおきた戦争の影響を受けて，原油の値上げや輸出制限
が行われた結果，世界経済は大きな打撃を受け，日本の高度経
済成長が終わった。

年代	できごと
1972 年	中国との国交が正常化する
1973 年	**A** がおこる

5 吉田茂が内閣総理大臣在任中のできごととして適切なものを，資料を参考にして，次の**ア〜エ**の中
から１つ選んで，記号で答えなさい。　　　　　　　　　　　　　　　　　　　　　　　　〈長野県〉

ア 日本国憲法が公布された。
イ 東京でオリンピックが開かれた。
ウ 日本が国際連合に加盟した。
エ 国家総動員法が成立した。

資料　吉田茂の内閣総理大臣在任期間
・1946 年 5 月〜 1947 年 5 月
・1948 年 10 月〜 1954 年 12 月

チャレンジ まず，ア〜エから第二次世界大戦後のものを選んでから考える。

覚えられない

中国・朝鮮は漢字ばっかり〜

イメージで攻略

▶▶▶▶ 国名を含む用語でラクチン暗記！

例 題

次の文の下線部に関連して，この頃の中国と朝鮮（ちょうせん）の王朝名の組み合わせはどれか。あとの**ア〜エ**の中から最も適当なものを１つ選んで，記号で答えなさい。 〈千葉県〉

倭寇（わこう）による被害に苦しんでいた中国は，足利義満（あしかがよしみつ）に倭寇の取り締まりを求めた。

ア 元（げん） 高麗（こうらい）　　　　**イ** 明（みん） 朝鮮

ウ 漢（かん）（後漢（ごかん）） 高句麗（こうくり）　**エ** 唐（とう） 新羅（しらぎ）（しんら）

こう考える ▶ 中国や朝鮮の国名は漢字が覚えにくいが，よく問われる国名は実はそんなに多くない。また，国名を含む用語を使って覚えておくと，日本との時代の対応もおさえておくことができる。

ココは覚える **よく出る中国・朝鮮の国名**

中国

〈外交〉

弥生（やよい）時代 ┌ 奴国（なこく）のころ→**漢**
　　　　　　└ 邪馬台国（やまたいこく），⊛魏（ぎ）志倭人伝（しわじんでん）のころ→**魏**

飛鳥（あすか）時代 聖徳太子（しょうとくたいし），遣隋（けんずい）使のころ→**隋**

奈良（なら）時代 遣唐（けんとう）使のころ→**唐**

〈貿易〉

平安（へいあん）時代 日宋（にっそう）貿易のころ→**宋**

室町（むろまち）時代 日明（にちみん）貿易のころ→**明**

朝鮮

〈外交〉

古墳（こふん）時代 大和（やまと）政権のころ
　　　　　　→**高句麗**，**新羅**，**百済（くだら）** 伽耶（かや）（**任那（みまな）（にんな）**）（ひゃくさい）

飛鳥時代 聖徳太子のころ
　　　　　　→**高句麗**，**新羅**，**百済**

「遣隋使」など，言葉を覚えていればすぐに解ける問題もあるよ。

足利義満が行って大きな利益を得たのは**日明貿易**。
当時の中国は**明**だとわかる。

答 え **イ**

明はイだけなので，朝鮮の国名がわからなくても解けるよ。

1 右のカードの下線部について，607 年に小野妹子が派遣された国を，次の**ア〜エ**の中から 1 つ選んで，記号で答えなさい。

〈福島県〉

> 推古天皇（すいこてんのう）
>
> 　女性として初めて天皇に即位した。甥（おい）の聖徳太子を摂政（せっしょう）とし，蘇我氏（そが）の協力を得ながら，中国などに学んで，天皇中心の政治制度を整えようとした。

ア 魏　**イ** 宋　**ウ** 唐　**エ** 隋

こう考える▶
聖徳太子が中国に派遣したのは，遣○使。

2 中国の[　　　]の歴史書には，倭に邪馬台国という有力な国があり，女王卑弥呼（ひみこ）が治めていたことなどが書かれている。[　　　]に当てはまるものを次の**ア〜エ**の中から 1 つ選んで，記号で答えなさい。

〈栃木県〉

ア 秦　**イ** 殷（いん）　**ウ** 漢　**エ** 魏

3 右の表の下線部について，この法は，このころの中国の律令にならってつくられたものである。次の**ア〜エ**の中から，その中国の王朝を 1 つ選んで，記号で答えなさい。

〈岩手県〉

年代	政治に関することがら
8 世紀ころ	刑罰や行政のしくみ，税の負担などを定める法が出された。

ア 秦　**イ** 漢　**ウ** 唐　**エ** 明

4 最澄（さいちょう）は中国に渡り，帰国後天台宗（てんだいしゅう）を伝えた。この時期の日本と中国との関わりについて述べているものはどれか。次の**ア〜エ**の中から 1 つ選んで，記号で答えなさい。

〈栃木県〉

ア 元のフビライは，日本を従えようとして，2 回にわたって大軍を送った。

イ 聖徳太子は，小野妹子らを遣隋使として派遣し，留学生や僧を同行させた。

ウ 朝廷は，唐のすすんだ制度や文化を取り入れるため，遣唐使を派遣した。

エ 明は，海賊行為をはたらく倭寇の取りしまりを日本に求め，勘合（かんごう）貿易が始まった。

5 卑弥呼が中国へ使者を送った目的として適切なものを，次の**ア〜エ**の中から 1 つ選んで，記号で答えなさい。

〈長野県〉

ア 中国との貿易による利益に注目し，交易活動の拠点として兵庫（ひょうご）の港を整備し，航路をととのえようとした。

イ 倭寇の取りしまりを中国から求められたのを機に，朝貢（ちょうこう）貿易で利益をあげようとした。

ウ 中国の進んだ政治のしくみや文化を取り入れ，中国との対等な外交をめざそうとした。

エ 中国の皇帝の権威を借りて，国内での立場を優位なものにしようとした。

チャレンジ 貿易や使者・使節の名前を思い出そう。

見分けがつかない
○○文化はたくさんあって大変！

ここに注目！で攻略

▶▶▶▶ ## ちがいをかんたんにおさえよう！

例題

1833年に『東海道五十三次（とうかいどうごじゅうさんつぎ）』の刊行を始めた歌川（安藤）広重（うたがわ　あんどう　ひろしげ）が活躍したころの文化に関して述べた文として正しいものを，次のア〜エの中から1つ選んで，記号で答えなさい。　　　〈埼玉県〉

ア　雪舟（せっしゅう）は，墨一色で自然をえがく水墨画（すいぼくが）のすぐれた作品を残した。
イ　喜多川歌麿（きたがわうたまろ）は，錦絵（にしきえ）とよばれる多色刷り版画ですぐれた美人画を残した。
ウ　近松門左衛門（ちかまつもんざえもん）は，人形浄瑠璃（にんぎょうじょうるり）の脚本で義理と人情に生きる男女の悲劇をえがいた。
エ　観阿弥・世阿弥（かんあみ　ぜあみ）親子により，猿楽や田楽などの芸能が能（のう）として大成された。

こう考える　文化は，重要な人物・作品などを覚えることで区別することができる。ちがいを意識すると覚えやすい。

ココは覚える　文化のちがい

飛鳥文化（あすか）　（飛鳥時代）
- 法隆寺（ほうりゅうじ）
- 四天王寺（してんのうじ）
- 釈迦三尊像（しゃかさんぞんぞう）

天平文化（てんぴょう）　（奈良時代（なら））
- 東大寺（とうだいじ）　大仏
- 『風土記（ふどき）』『古事記（こじき）』
- 『日本書紀（にほんしょき）』『万葉集（まんようしゅう）』

> 唐（とう）の影響や記紀がでてきたら天平文化。

北山文化（きたやま）　（室町時代（むろまち））
- 金閣（足利義満）
- 能（観阿弥・世阿弥）

東山文化（ひがしやま）　（室町時代）
- 銀閣（ぎんかく）（足利義政）
  ⇒書院造（しょいんづくり）
- 水墨画（雪舟）

> 金閣＝華やか＝北山文化
> 銀閣＝質素＝東山文化

元禄文化（げんろく）　（江戸時代（えど））
- 井原西鶴（いはらさいかく）（浮世草子）
- 近松門左衛門（脚本）
- 松尾芭蕉（まつおばしょう）（俳諧（はいかい））

化政文化（かせい）　（江戸時代）
- 喜多川歌麿（美人画）
- 歌川（安藤）広重（風景画）
- 葛飾北斎（かつしかほくさい）（風景画）
- 十返舎一九（じっぺんしゃいっく）（小説）

> 元禄＝上方（京都・大阪）。
> 化政＝江戸，風刺や皮肉好き。

大正の文化　（大正時代）
- ラジオ放送開始
- 芥川龍之介（あくたがわりゅうのすけ）（小説）

昭和の文化（しょうわ）　（昭和時代）
- テレビ放送開始
- 川端康成（かわばたやすなり）（小説）

> モダンな大正。ノーベル賞受賞者が登場するのは昭和。

ア　雪舟（水墨画）は東山文化，イ　喜多川歌麿（美人画）は化政文化，ウ　近松門左衛門は元禄文化，エ　能は北山文化。

答え　イ

答え ➡ 別冊 P.17

1 江戸の文化に関連して，19世紀のはじめを中心に発展した化政文化について述べた文として適切なものを，次の**ア～エ**の中から2つ選んで，記号で答えなさい。　〈山梨県〉

ア 葛飾北斎が「富嶽三十六景」などの風景画を描いた。

イ 松尾芭蕉が，俳諧を独自の文学に成長させ，「奥の細道」を書いた。

ウ 近松門左衛門が，人形浄瑠璃や歌舞伎の脚本を書いた。

エ 十返舎一九が，旅の道中をこっけいにえがいた「東海道中膝栗毛」を書いた。

2 右のカードを見て，次の問いに答えなさい。

〈神奈川県・改〉

> 応仁の乱がおこった時の将軍である **A** によって慈照寺銀閣が建てられました。この時代の文化を代表するものとしては **B** をあげることができます。

(1) カードの **A** にあてはまる人物名を，漢字4字で書きなさい。

(2) カードの **B** にあてはまるものとして最も適するものを，次の **1～4** の中から1つ選んで，番号で答えなさい。

1 町人の風俗を描いた浮世絵

2 正倉院に納められた美術工芸品

3 漢字を変形させ日本語の発音をあらわす仮名文字

4 たたみを敷き，床の間をもうけた書院造

3 飛鳥時代の文化について述べた文を，次の**ア～エ**の中から1つ選んで，記号で答えなさい。〈茨城県〉

ア 寺院などには，公家文化と武家文化がとけあった様式を見ることができる。

イ 唐風の文化をふまえて，日本の風土や生活にあった国風の文化を生み出した。

ウ 浄土宗や浄土真宗など，誰にでもわかりやすく実行しやすい仏教が生まれた。

エ 仏教や彫刻などに，南北朝時代の中国や西アジアなどの文化の影響が見られる。

チャレンジ 飛鳥時代～室町時代のちがいから考える。

4 次の①～③の文は飛鳥時代から昭和時代までの間におこったできごとについて述べている。できごとと時代の組み合わせとして適切なものを，あとの**ア～カ**の中から1つ選んで，記号で答えなさい。

〈兵庫県〉

① 鑑真が遣唐使にともなわれて来日し，唐招提寺を開いた。

② パン・カステラ・ボタンなどが貿易商人によってもたらされた。

③ 欧米文化を吸収し大衆文化が生まれ，ラジオ放送がはじまった。

ア ①－飛鳥 ②－鎌倉 ③－昭和　　**イ** ①－奈良 ②－室町 ③－昭和

ウ ①－飛鳥 ②－室町 ③－昭和　　**エ** ①－奈良 ②－鎌倉 ③－大正

オ ①－飛鳥 ②－鎌倉 ③－大正　　**カ** ①－奈良 ②－室町 ③－大正

チャレンジ ②の南蛮貿易は室町時代の後半から行われた。

見分けがつかない
条約はごっちゃになる

これだけ暗記！で攻略

▶▶▶▶ **グループにしてみる！**

例題

次の各問いに答えなさい。　　　　　　　　　　　　　　　　　　〈岩手県・改〉

(1)「黒船」とよばれた4隻の軍艦が浦賀に入港し，捕鯨や貿易のために，わが国の幕府に開国を求めた。次の**ア～エ**のうち，この軍艦を率いた人物が再び来航した際，幕府が結んだ条約はどれか。1つ選んで，記号で答えなさい。
　ア 日米和親条約　　**イ** 日朝修好条規　　**ウ** 日韓基本条約　　**エ** 日米修好通商条約

(2)第二次世界大戦後，わが国はサンフランシスコ平和条約により，独立を回復した。この条約を結んだとき，同時に，アメリカ合衆国と結んだ条約を何というか。

こう考える 最重要の条約は，3つのグループに分けると覚えやすい。

ココ は覚える　重要な条約

	条約名（年）	性質	相手国	内容
開国 江戸時代末期	日米和親条約（1854）	国交	アメリカ	日本が開国 （下田，函館を開港）
	日米修好通商条約（1858）	通商		不平等条約（日本に関税自主権なし，相手国に領事裁判権を認める）
講和 明治時代 後半	下関条約（1895）	日清戦争の 講和	清	賠償金約3億1千万円 朝鮮の独立を認める 三国干渉（独仏露）
	ポーツマス条約（1905）	日露戦争の 講和	ロシア	韓国での日本の優越 鉄道の利権の譲渡
講和 第二次 世界大戦後	サンフランシスコ平和条約（1951）	第二次世界大戦の講和	アメリカ など48か国	日本が独立（主権回復）
	日米安全保障条約（1951）	安全保障	アメリカ	アメリカ軍が日本に駐留

(1)日本が開国するとき，アメリカと結んだ条約。(2)サンフランシスコ平和条約のとき，アメリカと安全保障条約を結んでいる。

答え　(1) **ア**　(2) **日米安全保障条約**

1 次の資料は，ある講和条約の主な内容である。この資料中の遼東半島（リアオトン・りょうとう）を清に返還するよう，日本に勧告してきた国として適切でないものを，あとの **1 ～ 4** の中から1つ選んで，番号で答えなさい。

〈青森県〉

> ・朝鮮の独立を認める
> ・遼東半島・台湾（たいわん）・澎湖諸島（ポンフー）を日本にゆずりわたす
> ・日本に賠償金（ばいしょうきん）2億両（テール）を支払う

1	ドイツ	**2**	アメリカ
3	ロシア	**4**	フランス

こう考える
> 大陸での自国の権益を守る必要のある三国が日清戦争の講和条約の内容に干渉した。

2 1896年に，夏季オリンピック第1回アテネ大会が開催される前に，わが国は，ロシアの動きを警戒していた**a**（**ア** アメリカ合衆国 **イ** イギリス）と不平等条約の改正交渉を行い， **b** の撤廃に初めて成功した。**a**の（　）の中から適当なものを1つ選んで，記号で答えなさい。また， **b** に当てはまる語を書きなさい。

〈熊本県〉

a ☐　　b ☐

3 日露戦争の講和条約で定められたこととして最も適するものを，次の **1 ～ 4** の中から1つ選んで，番号で答えなさい。

〈神奈川県〉

1 満州の長春（チャンチュン・ちょうしゅん）以南の鉄道を日本にゆずること
2 多額の賠償金を日本に支払うことと台湾などを日本にゆずること
3 樺太（からふと）と千島列島（ちしま）を交換すること
4 下田と函館の2港を開くこと

4 次の文章は，1945年～1990年の時期のあるできごとについてまとめたものである。まとめの中の ☐ にあてはまる都市名を書き，文章を完成させなさい。また，この下線部のできごとと同時に行われたこととして正しいものを，あとの**ア～エ**の中から1つ選んで，記号で答えなさい。

〈埼玉県〉

> 　東西両陣営の対立が進む中，1951年に☐で講和会議が開かれ，日本は，48か国との間に平和条約を締結した。これにより，日本は独立を回復した。

ア 日ソ共同宣言が出された。　**イ** 中国と国交を正常化した。
ウ 沖縄が日本に返還された。　**エ** 日米安全保障条約を結んだ。

チャレンジ 第二次世界大戦後の講和会議に中国は参加していない。

都市名 ☐　　記号 ☐

覚えられない

世界の歴史まで手がまわらない

これだけ暗記！で攻略

▶▶▶▶ 3つのターニングポイントを覚える！

例 題

右の年表は，15世紀後半における「世界のおもなできごと」を示したものである。年表の **X** と **Y** にあてはまる国の組み合わせとして適当なものを，次の**ア〜エ**の中から1つ選んで，記号で答えなさい。 〈福島県〉

ア X スペイン　Y イギリス
イ X スペイン　Y ポルトガル
ウ X オランダ　Y イギリス
エ X オランダ　Y ポルトガル

年	世界のおもなできごと
1492	**X** の援助を受けたコロンブスが大西洋を横断する
1498	**Y** のバスコ・ダ・ガマが喜望峰(きぼうほう)をまわってインドに到達する

こう考える ▶ 世界の様子についての問題は，世界的に影響の大きい**大航海時代**(だいこうかい)と**革命期**，**第一次世界大戦**(だいいちじせかいたいせん)の時期について問われることが多い。

ココ は覚える　重要な世界の様子

●は日本のできごと

① 大航海時代（十五世紀後半　室町時代）

一四八八　喜望峰到達（ポルトガル）
一四九二　**アメリカ到達**（コロンブス　スペイン）
一四九八　インド到達（**バスコ・ダ・ガマ**　ポルトガル）

② 革命期（十八〜十九世紀　江戸時代）

一五一七　**宗教改革**(しゅうきょうかいかく)（ルター　ドイツ）
一五一九　マゼラン出航（スペイン）
一五四三　●鉄砲伝来(てっぽう)
一五四九　●キリスト教伝来
一七七五〜　**アメリカ独立戦争**(どくりつせんそう)
一七八九　**フランス革命**
一八四〇　**アヘン戦争**　一八四一　●天保の改革(てんぽう)(かいかく)
一八五四　●日米和親条約(にちべい)(わしんじょうやく)

③ 第一次世界大戦（二十世紀前半）

一九一四〜八　**第一次世界大戦**　●米騒動
一九一七　ロシア革命　一九一八
一九一九　ベルサイユ条約
一九二〇　国際連盟発足(こくさい)(れんめい)
一九二二　ソ連成立(れんせいりつ)

ポルトガルがアフリカ大陸沿いの港をおさえたため，**スペイン**は大西洋を西に進んで新大陸を見つけた。その後，ポルトガルはアフリカ大陸からインド洋に抜ける航路を見つけた。

答え イ

1 次の各文は，室町時代から江戸時代にかけての世界のようすについて述べたものである。**ア〜ウ**について年代の古いものから順に記号で答えなさい。　　〈大阪府〉

ア ヨーロッパで宗教改革が起こり，カトリック教会からプロテスタントが分かれた。

イ 北アメリカにおいて，イギリスの植民地の人々がイギリス本国からの独立宣言を発表した。

ウ スペインの援助を受けたコロンブスに率いられた船隊が，アメリカ大陸付近の西インド諸島に到達した。

こう考える
ア＝大航海時代，イ＝革命期，ウ＝大航海時代のころのできごとである。

→　　　　　→

2 次の年表中の**A**の時期におこったできごととして正しいものを，あとの**ア〜エ**の中から１つ選んで，記号で答えなさい。　　〈熊本県〉

年	鉄道に関するおもなできごと
1825	世界で初めてイギリスで蒸気機関車の鉄道が開通する・・・・・・・
1872	新橋と横浜の間に鉄道が開通する・・・・・・・・・・・・・・・・・

A

ア マゼランの船隊が世界一周を達成した。

イ アメリカ合衆国が独立した。

ウ ガンディー（ガンジー）がインドの民族運動を指導した。

エ アヘン戦争で清が敗北した。

3 日本に鉄砲が伝わったころの世界の様子について説明した文として，最も適するものを，次の**ア〜エ**の中から１つ選んで，記号で答えなさい。　　〈神奈川県〉

ア アヘン戦争に勝利したイギリスは，清と領事裁判権などを認めさせる不平等条約を結んだ。

イ 新しい航路を開拓したポルトガルとスペインが，アジアやアメリカ大陸で貿易をさかんに行って繁栄した。

ウ 北アメリカのイギリスの植民地が，独立戦争を通してアメリカ合衆国として独立した。

エ フランスで革命がおこり，自由・平等の精神が示された人権宣言が発表された。

こう考える
鉄砲が日本に伝わったのは，大航海時代のころである。

4 西洋の活版印刷術を使って書物が発行されていた安土桃山時代より前におこったものを，次の**ア〜エ**の中から１つ選んで，記号で答えなさい。　　〈滋賀県〉

ア ドイツのルターらが，キリスト教会を批判して改革を始めた。

イ イギリスで国王を追放する名誉革命がおこり，権利章典が定められた。

ウ イギリスの植民地であったアメリカで，本国に抗議して独立宣言が発表された。

エ 中国で明が滅び，清が中国全土を支配した。

チャレンジ　明は，日本の室町時代から江戸時代の初期のころ。

\見分けがつかない/
ならべかえ問題がむずかしい…

これだけ暗記！で攻略

▶▶▶▶ **４つのグループに分ける！**

例題

次の**ア～エ**は，古代から近世までの政治について述べたものである。**ア～エ**を古い順に並べかえ，記号で答えなさい。　〈岩手県〉

ア 開墾した土地を永久に所有することを認める法が出され，耕地不足の解消が図られた。
イ 天皇中心の新たな政治がはじまったが，2年あまりで終わり二つの朝廷が生まれた。
ウ ヨーロッパから伝来した宗教の禁止などによって，交易はいちじるしく制限された。
エ 天皇の命令に従うべきことなど，豪族に政治の心構えを説く十七条の憲法が出された。

こう考える▶ ①～④の大きなまとまりを覚えてから，その中の順番を覚えるとよい。

ココは覚える　時代の流れ

① くにができるまで			② 朝廷政治			
旧石器	縄文	弥生	古墳	飛鳥	奈良	平安
石器	縄文土器	稲作 弥生土器 卑弥呼	倭王武 須恵器 古墳	聖徳太子 十七条の 憲法	聖武天皇 大仏 墾田永年 私財法	桓武天皇 藤原道長 平 清盛

③ 武士の政治				④ 近代から現代		
鎌倉	室町	安土桃山	江戸	明治	大正	昭和
源 頼朝 北条泰時 御成敗式目 元寇	足利尊氏 足利義満 南北朝合一	ザビエル 織田信長 豊臣秀吉	徳川家康 禁教令	日清戦争 日露戦争	米騒動	日中戦争 太平洋戦争

※鎌倉幕府滅亡後に後醍醐天皇によって建武の新政が始められた。

アは墾田永年私財法の説明なので，**奈良時代**，**イ**は「二つの朝廷」から，**南北朝時代**，つまり室町時代初期，**ウ**は「宗教の禁止」「交易」の「制限」から**江戸時代**，**エ**は「十七条の憲法」から**飛鳥時代**。

答え **エ→ア→イ→ウ**

1 卑弥呼が魏に使いを送った 200 年すぎから，遣唐使が停止される 800 年すぎの期間に起こった，次のア～エのできごとを年代の古い順に並べ，記号で答えなさい。　〈愛媛県〉

ア　桓武天皇が今の京都に都を移した。
イ　倭王武が中国の南朝に使いを送った。
ウ　聖武天皇が奈良に東大寺を建てた。
エ　聖徳太子が十七条の憲法を定めた。

こう考える
ア 京都に都が移されたのは平安時代。
イ 倭王武は，古墳時代の大王。

□ → □ → □ → □

できごとを，年代の古い順に並べなさい。　〈富山県〉

じまる

□ →

年	富山にかかわるできごと
1183	源義仲（木曽義仲）が倶利伽羅で平氏を破る ✕
1581	佐々成政が織田信長から越中を治めるように命じられる

ドの時代の間のできごとである。ア～エを古い順に　〈群馬県〉

B

【室町時代】
・武士による支配…幕府と守護大名
・民衆が団結する…惣（惣村）の形成

土一揆を起こす

□ → □ → □ → □

□□□は、ゆく人だ。

4 次の各文は，14 □□のわが国のようすについて述べたものである。ア～ウについて年代の古いものから順に記号で答えなさい。　〈大阪府〉

ア　南北朝の動乱が終わった。
イ　足利尊氏が征夷大将軍に任じられた。
ウ　後醍醐天皇によって建武の新政が始められた。

チャレンジ 鎌倉幕府の滅亡後、建武の新政が行われたが失敗。2 つの朝廷が生まれた。

□ → □ → □

資料が出てくる問題ってキライ

写真があると解きたくない

これが出たらこう答える！

▶▶▶▶ **4つの写真を覚えよう！**

例題

1　右の資料1は，これまでの南蛮貿易(なんばんぼうえき)をさらに進め，貿易を統制下におこうとした江戸幕府(えどばくふ)が，大名や堺(さかい)の商人などに与えた貿易の許可状の一つである。この許可状を使っておこなわれた貿易は，何と呼ばれるか。その呼び名を書きなさい。　〈香川県・改〉

2　右の資料2は，明治(めいじ)政府が発行した地券(ちけん)である。明治政府は殖産興業(しょくさんこうぎょう)を進める上で，地券を発行して土地の所有者に現金で税を納めさせる改革をおこなった。この土地や税に関する改革を何というか。ひらがな6文字で書きなさい。　〈京都府・改〉

資料1

資料2

こう考える　よく出題される4つの史料と，それに関連する歴史上のできごとを理解して覚えておくとよい。

ココは覚える　よく出る4つの写真

とりあえずこれ以外は覚えなくていいよ〜

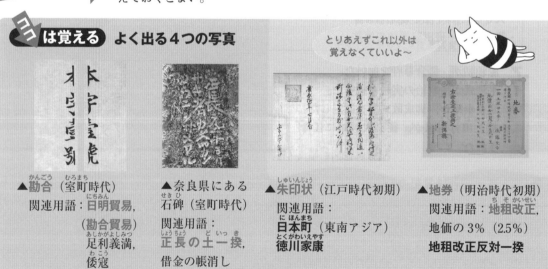

▲勘合(かんごう)（室町(むろまち)時代）
関連用語：日明貿易(にちみん)，
（勘合貿易）
足利義満(あしかがよしみつ)，
倭寇(わこう)

▲奈良県にある石碑(せきひ)（室町時代）
関連用語：
正長の土一揆(しょうちょうのどいっき)，
借金の帳消し

▲朱印状(しゅいんじょう)（江戸時代初期）
関連用語：
日本町(にほんまち)（東南アジア）
徳川家康(とくがわいえやす)

▲地券（明治時代初期）
関連用語：地租改正(ちそかいせい)，
地価の3%（2.5%）
地租改正反対一揆

1　「江戸幕府」「許可状を使っておこなわれた貿易」から判断する。
2　「地券を発行」「現金で税」から判断する。

答え　1　朱印船貿易　　2　ちそかいせい

入試問題にチャレンジ

答え ➡ 別冊 P.19

1 室町幕府は明と朝貢(ちょうこう)貿易を始めた。右の図のような割り札を用いたこの貿易を何というか。〈沖縄県・改〉

こう考える
この写真の関連用語は何かを考える。

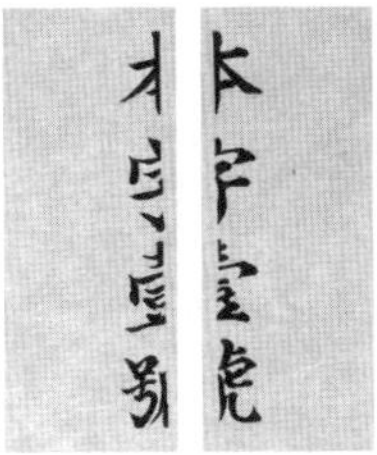

[　　　　　　]

2 徳川家康は貿易による利益を重視し，東南アジアとの貿易を積極的にすすめた。これに関連して，次の文章中の［Ⅰ］，［Ⅱ］にあてはまる適当な語を，それぞれ漢字３文字で書きなさい。〈千葉県・改〉

> 徳川家康は西国大名や大商人などに対し，右に示したような海外渡航許可書である［Ⅰ］を与え，東南アジア諸国との貿易を積極的に行った。この貿易が盛んになると，東南アジアに居住して活動する日本人も増え，貿易船の渡航地であるシャムのアユタヤなどに［Ⅱ］がつくられた。

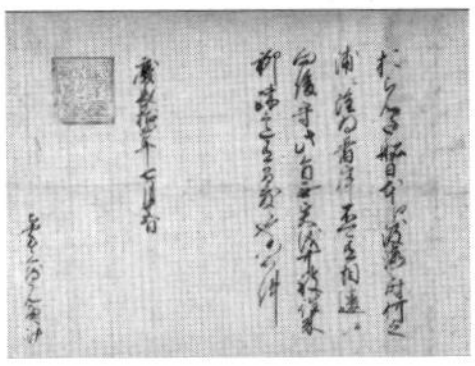

Ⅰ [　　　　　　]　Ⅱ [　　　　　　]

3 右の図１は土一揆に関する奈良市にある碑文である。図２は図１をわかりやすくしたものである。この土一揆で農民は何を要求したのか。次のことばに合わせて書きなさい。〈兵庫県〉

> 正長元年以前については，神戸四か郷の
> ［　　　　　　　　］にすること。

[　　　　　　]

図１

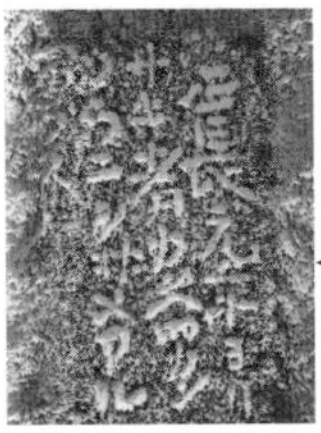

図２

正長元年ヨリサキ者（は）
（神戸）（四か郷）
カンヘ四カンカウニ
（負い目）（べ）（ず）
ヲヰメアルヘカラス

4 地租改正について，次の(1)，(2)の問いに答えなさい。〈新潟県・改〉

(1)右の資料１は，土地の所有者を明らかにするとともに，土地の値段や納税額を示したものである。この資料１を何というか。資料１中の［　　］に当てはまる名称を書きなさい。

[　　　　　　]

資料１

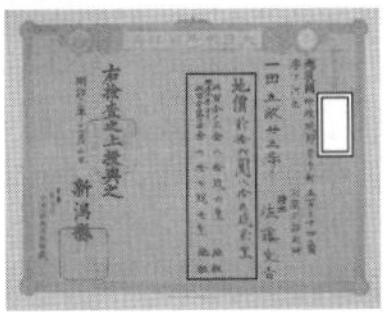

資料２

地價(か)貳拾六圓(えん)八拾五錢貳厘
此百分ノ三金八拾錢六厘　地租
明治十年ヨリ
此百分ノ貳ヶ半金六拾七錢壹厘　地租

(2)右上の資料２は，資料１中の［　　］で囲んだ部分を書き出したものである。この資料２を読むと，明治10（1877）年から，地租の税率が変更されたことがわかる。どのように変更されたのか。その理由も含めて書きなさい。

チャレンジ 地租改正のあと，税率の軽減を求める一揆が起きた。

[　　　　　　]

昔の地名はむずかしい

これだけ暗記！で攻略

▶▶▶▶ 重要な地名は地図で覚える！

例 題

1858年に，江戸幕府がアメリカとの間で函館や新潟を含む5港を貿易港として開くこととした条約について，次の(1)，(2)の問いに答えなさい。　〈新潟県〉

(1) この条約を何というか。その名称を書きなさい。

(2) この条約によって開かれた5港のうち，函館と新潟以外の3港を，右の地図中の**ア～コ**の中から3つ選んで，記号で答えなさい。

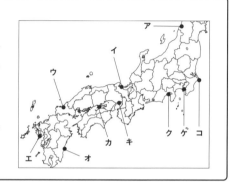

こう考える ▶ 歴史で出てくる地名は，地図で出題されることが多い。歴史の重要な地名は，地図で場所を確かめておく。

ココ は覚える 歴史でよく出る地名

おもな遺跡・古墳
（　）は時代

三内丸山遺跡（縄文）
野尻湖（旧石器）
吉野ヶ里遺跡（弥生）
大仙古墳（古墳）
登呂遺跡（弥生）
岩宿遺跡（旧石器）

平安～江戸の重要地

壇ノ浦の戦い
元寇（博多湾）
関ヶ原の戦い
中尊寺（平泉）
長篠の戦い
桶狭間の戦い
応仁の乱（京都）
堺

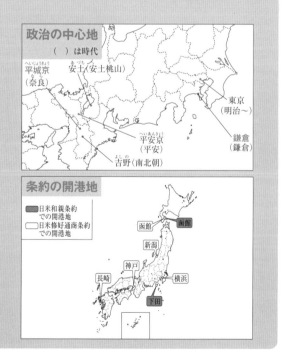

政治の中心地
（　）は時代

平城京（奈良）
安土（安土桃山）
東京（明治～）
平安京（平安）
鎌倉（鎌倉）
吉野（南北朝）

条約の開港地

■ 日米和親条約での開港地
□ 日米修好通商条約での開港地

函館
新潟
神戸
長崎
横浜
下田

いちべいしゅうこうつうしょうじょうやく
日米修好通商条約で開港されたのは，函館，新潟，神奈川（横浜），兵庫（神戸），長崎の5港。

答え (1) **日米修好通商条約** (2) **エ，キ，ケ**

1 次のカードは班である都市の特徴を短くまとめて説明したものである。この班がまとめた都市の位置を，右の地図の**あ**〜**お**の中から1つ選んで，記号で答えなさい。　〈岡山県〉

> かつて幕府がおかれ，北条氏により執権政治が行われた。その時代には新しい仏教の教えが広まった。

こう考える
> 北条氏が執権政治を行った幕府は，源氏が平氏をやぶったあとに開いた幕府。

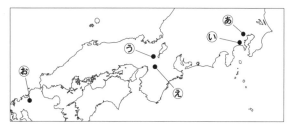

2 右下の人物の仲立ちにより，江戸幕府に対する倒幕運動の中心となった2つの藩が同盟を結んだ。その2つの藩の位置は右の地図中の①〜④のいずれかである。その組み合わせとして正しいものをあとの**ア**〜**エ**の中から1つ選んで，記号で答えなさい。　〈沖縄県〉

人物

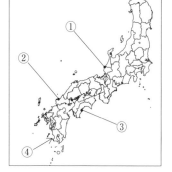

ア　①と②　　**イ**　①と③　　**ウ**　②と④　　**エ**　③と④

3 次のカードの　**A**　に当てはまる都市名を書きなさい。また，その都市の位置を右の地図の **a** 〜 **e** の中から1つ選んで，記号で答えなさい。　〈熊本県〉

> **A** 市
>
> 　この地は，古くから海上交通の要所として栄えてきた。平安時代末期に平清盛はこの地の港を利用し，中国との貿易をおこなった。室町時代には日明貿易の港の一つとして，江戸時代には国内航路の重要な港として栄えた。その後，日米修好通商条約によって開港地となり，国際貿易港として発展した。

地図

チャレンジ　平清盛や足利義満が京都で政治を行っていたことから考えよう。

都市名 ［　　　　　　　］　　　位置 ［　　　　］

グラフがキライ
歴史でグラフが出たらどうする！？

これが出たらこう答える！

▶▶▶▶ **数字や値を読む必要がないこともある！**

例題

幕末の横浜港は，わが国の輸出入総額の大半を占める最大の貿易港であった。次の表は1861年における横浜港の輸出入総額とその内訳を示したものである。　A　に当てはまる品目の名を書きなさい。また，　B　に当てはまる品目を，**ア～エ**の中から1つ選んで，記号で答えなさい。

〈北海道〉

輸出品目	輸出額（千ドル）	割合（％）
A	1,832	68.3
茶	448	16.7
海産物	40	1.5
その他	363	13.5
輸出総額	2,683	100

輸入品目	輸入額（千ドル）	割合（％）
B	688	46.0
毛織物	400	26.8
金属	129	8.6
その他	278	18.6
輸入総額	1,495	100

（「横浜市史」より作成）

ア 陶磁器　　**イ** 鉄砲　　**ウ** 石炭　　**エ** 綿織物

こう考える ▶ 歴史で出題されるグラフや表の多くは，問われる内容が決まっている。グラフの内容がわかれば，数字や値などを読み取らずに解くことができる問題が多い。

ココ **は覚える** よく出るグラフ

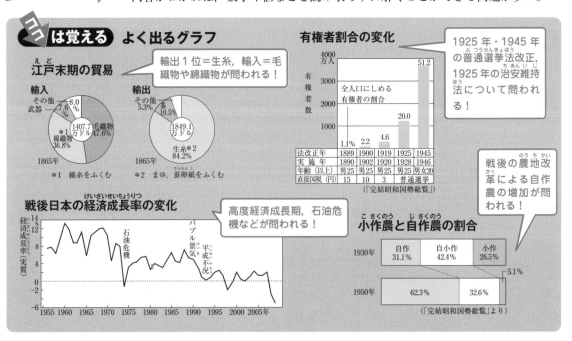

江戸末期の貿易

輸入
- その他 8.0%
- 武器 7.6%
- 毛織物 47.6%
- 綿織物 36.8%
- *1 1407.7万ドル
- 1865年
- *1 綿糸をふくむ

輸出
- その他 5.3%
- 茶 10.5%
- 生糸*2 84.2%
- 1849.1万ドル
- 1865年
- *2 まゆ，蚕卵紙をふくむ

輸出1位＝生糸，輸入＝毛織物や綿織物が問われる！

有権者割合の変化

（有権者数　万人　4000／3000／2000／1000）

全人口にしめる有権者の割合
- 1.1%
- 2.2
- 4.6
- 20.0
- 51.2

法改正年	1889	1900	1919	1925	1945
実施年	1890	1902	1920	1928	1946
年齢（以上）	男25	男25	男25	男25	男女20
直接国税（円）	15	10	3	普通選挙	

（「完結昭和国勢総覧」）

1925年・1945年の普通選挙法改正，1925年の治安維持法について問われる！

戦後日本の経済成長率の変化

（経済成長率（実質）　14/12/10/8/6/4/2/0/-2/-4/-6）

- 石油危機
- バブル景気
- 平成不況

1955 1960 1965 1970 1975 1980 1985 1990 1995 2000 2005年

高度経済成長期，石油危機などが問われる！

小作農と自作農の割合

1930年	自作 31.1%	自小作 42.4%	小作 26.5%

1950年	62.3%	32.6%	5.1%

（「完結昭和国勢総覧」より）

戦後の農地改革による自作農の増加が問われる！

開国後の日本の貿易の様子が問われている。**A**幕末の，日本の最大の輸出品目は生糸（絹糸）。
Bイギリスから安い綿織物や毛織物が日本に入ってきた。

答え　　**A　生糸　B　エ**

入試問題にチャレンジ

答え➡別冊 p.21

1 右のグラフは，サンフランシスコ平和条約
調印前にGHQの占領下で実施された，あ
る政策の実施前と実施後の自小作別の農
家割合の変化を示したものである。この政
策を何というか。　　　　　　〈島根県〉

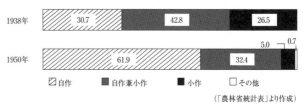

グラフ　自小作別の農家割合の変化(%)

（「農林省統計表」より作成）

2 右のグラフを参考に，1928 年に比べて 1946 年の
有権者数の割合が増加したおもな理由を説明しな
さい。　　　　　　　　　　　　　〈沖縄県・改〉

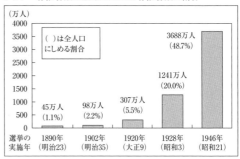

グラフ　有権者数と全人口にしめる有権者数の割合

3 次のグラフは 1956 年から 1979 年までの，日本の経済成長率の変化を示したものである。グラフ中
の←→で示した時期における日本の様子について述べた文として正しいものを，**ア～オ**の中から
2 つ選んで，記号で答えなさい。　　　　　　　　　　　　　　　　　　　　　　　　〈埼玉県〉

ア 発行部数が 100 万部をこえる新聞があらわれ，
ラジオ放送も始まり全国に普及した。

イ 白黒テレビが広まり，ついでカラーテレビが
普及していった。

ウ 企業がもつ余った資金が，株式や土地に投資
され，株式や土地の価格が大幅に上昇する「バ
ブル経済」がおこった。

エ 東海道新幹線が開通した。

オ 渡良瀬川流域で，公害問題が発生し，田中正造
がこの問題解決に取り組んだ。

チャレンジ 高度経済成長期のころの社会の様子を考
える。

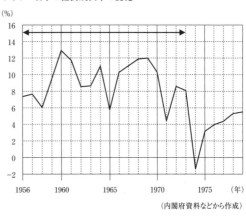

グラフ　日本の経済成長率の変化

（内閣府資料などから作成）

＼資料が出てくる問題ってキライ／

資料文って全部読まなくちゃいけないの？

ここに注目！で攻略

▶▶▶▶ 一部分だけ読めばよい！

例題

歴史好きの紫織さんは，栃木にゆかりのある人物について調べ，次のようなカードを作成した。これらを見て，あとの問いに答えなさい。

〈栃木県・改〉

勝道上人（しょうどうしょうにん）

　この人物は，a奈良時代に下野国芳賀郡で生まれ，下野国薬師寺で正式な僧侶となった。日光男体山の山頂に初めて登り，中禅寺湖のほとりに寺院を建てた。その後，朝廷から上野国の寺院を監督する役職に任じられた。

足利尊氏（あしかがたかうじ）

　この人物は，b後醍醐天皇に協力して鎌倉幕府をたおした御家人である。のちに天皇と対立し，京都に新たな幕府を開いた。現在の足利市付近は足利氏の先祖代々の領地であった。鑁阿寺（ばんなじ）は足利氏一門の氏寺として保護された。

---

(1) 下線部 **a** の時代に，朝廷は国司に命じて国ごとに自然，産物，伝承などを記した書物をつくらせた。この書物を何というか。

(2) 下線部 **b** が行った天皇中心の政治を何というか。

こう考える　　文章が長い資料問題は，全部の文章をきちんと読んでいると，問題を解く時間が足りなくなる。**問題を解く上で必要な言葉，部分（下線部や空欄の前後）だけを読めばよい。**

勝道上人（しょうどうしょうにん）

　この人物は，a 奈良時代 に下野国芳賀郡で生まれ，下野国薬師寺で正式な僧侶となった。

足利尊氏（あしかがたかうじ）

　この人物は，b 後醍醐天皇 に協力して鎌倉幕府をたおした御家人である。のちに天皇と

---

(1) 下線部 **a** の時代（＝奈良時代）に，朝廷は国司に命じて国ごとに自然，産物，伝承などを記した書物をつくらせた。この書物を何というか。

(2) 下線部 **b** （＝後醍醐天皇）が行った天皇中心の政治を何というか。

答え　(1) 『風土記』　(2) 建武の新政

「下線部は〜」や，「下線部に〜」などで始まる設問文の場合は，資料全部を読まないでよい場合が多いよ。

裏ワザ
問題を解く前に，カードに関係する小問をざっと読む。
→読む必要がある文章かどうか判断する。

1 次のカード中の下線部にかかわって，当時の社会のようすとして適切なものを，あとの**ア～エ**の中から2つ選んで，記号で答えなさい。　〈長野県〉

> 幕府による支配が約260年続いた。<u>身分制度</u>が強まり，「家」が職業をつぐ単位として重要視された。男性が中心の社会にあっても，女性はそれぞれの仕事に励み，社会を支えていた。

ア 主君への忠義を大切にし，上下関係を重んじる朱子学が重要視された。
イ 人口のほとんどをしめたのは町人，次いで武士であった。
ウ 財産は家長から子ども全員に均等に分割して受けつがれた。
エ 経済の発達とともに大名に金を貸す豊かな町人があらわれた。

2 次のカードの――線に関して，聖徳太子（厩戸皇子）が活躍した時代のことがらとして最も適するものを，次の**1～4**の中から1つ選んで，番号で答えなさい。　〈神奈川県〉

> わが国で初めて世界遺産に登録された奈良県の法隆寺は，<u>聖徳太子（厩戸皇子）</u>とかかわりが深く，現存する世界最古の木造建築物として知られています。

1 近畿地方に大山（仙）古墳のような巨大な前方後円墳がつくられた。
2 魏から「親魏倭王」の称号が刻まれた印や銅鏡を与えられた女王がいた。
3 有能な人材を登用するため，個人の能力や功績に応じて12に分けられた地位を与える制度がつくられた。
4 唐から帰国した最澄や空海が新しい仏教を伝え，皇族や貴族を中心とした人々の間に広まった。

 聖徳太子は7世紀はじめに活躍，遣隋使を派遣し，冠位十二階を定めた。

3 次の資料は社会科の授業で先生が使ったパネルである。この資料について，岩倉使節団が欧米を訪問したころのわが国のようすについて述べたものとして最も適当なものはどれか。あとの**ア～エ**の中から1つ選んで，記号で答えなさい。　〈岩手県〉

> 資料「岩倉使節団」
> 岩倉具視を全権大使とする使節団は，欧米の進んだ政治・経済のしくみなどを視察し，わが国の近代化をおし進めた。

ア イギリスとのあいだで，領事裁判権の撤廃と，関税自主権の一部を回復する内容の条約を結び，さらに，他の諸国とも同じような条約を結んだ。
イ ロシアでおきた革命や，米騒動などをきっかけに，国内では社会運動がさかんになり，25歳以上の男子に選挙権をあたえる普通選挙法が成立した。
ウ 政府内で高まった征韓論により，朝鮮へ使節を派遣する予定だったが，同じ政府の中から，国力の充実が先であるとする反対意見が出て，派遣は見送られた。
エ 陸軍の青年将校らによる二・二六事件をきっかけに，軍部の政治的発言力が強まり，ヨーロッパでファシズムに傾いていたドイツ，イタリアに近づいていった。

チャレンジ 岩倉使節団は明治初期に欧米を訪問した。この時は条約改正に成功していない。

見分けがつかない

国会と内閣は何がちがうの？

イメージで攻略

▶▶▶▶ **国会は決めるところ，内閣は実行するところ！**

例題

国会の行う仕事を，次の**ア～カ**の中からすべて選んで，記号で答えなさい。　　　〈岐阜県〉

ア 最高裁判所長官の指名　　**イ** 法律の制定　　**ウ** 国会召集の決定

エ 内閣総理大臣の指名　　**オ** 条約の承認　　**カ** 法律の違憲審査

こう考える▶ 国会は法律案や予算案など，ものごとを**決める**ところ。内閣は決まったことに合わせて，実際に**行動する**ところ。

国会		内閣
制定する	法律	執行する
案の議決	予算	案の作成
承認	条約	締結
そのほかのおもな仕事		
憲法改正の発議		臨時会の召集の決定
弾劾裁判所の設置		最高裁判所長官の指名
内閣不信任決議（衆議院）	←→	衆議院の解散もしくは総辞職（10日以内）
内閣総理大臣の指名		天皇の国事行為への助言と承認

内閣は国会の信任を受けて成立。これを議院内閣制という。

答え **イ，エ，オ**

ココは覚える **衆議院の優越**

衆議院は参議院よりも任期が短く，解散もあるので国民の意見が反映されやすいと考えられている。そのため，次のような衆議院の優越が認められている。

法律案の議決	両議院の議決が異なるとき→衆議院で出席議員の3分の2以上の賛成で可決すれば，法律が成立。
予算の議決 条約の承認	両議院の議決が異なるとき→両院協議会でも意見が一致しなければ，衆議院の議決が国会の議決となる。 衆議院で可決後30日以内に参議院が議決しないとき→衆議院の議決が国会の議決となる。
内閣総理大臣の指名	両議院の議決が異なるとき→両院協議会でも意見が一致しなければ，衆議院の議決が国会の議決となる。 衆議院で可決後10日以内に参議院が議決しないとき→衆議院の議決が国会の議決となる。
内閣不信任決議	衆議院のみに認められる。

1 我が国において，条約を締結することは **X** の仕事であり，条約を承認することは **Y** の仕事である。**X**，**Y** にそれぞれ当てはまる言葉の組み合わせとして適当なものを，次の**ア～エ**の中から1つ選んで，記号で答えなさい。　〈愛媛県〉

ア **X** 内閣　　**Y** 国会　　　　　イ **X** 国会　　**Y** 内閣
ウ **X** 内閣　　**Y** 最高裁判所　　エ **X** 国会　　**Y** 最高裁判所

こう考える▶

決めるのは国会。

2 資料は，「日本の国会，内閣，裁判所と国民の関係」についてまとめたものである。(1)～(3)の問いに答えなさい。　〈福島県〉

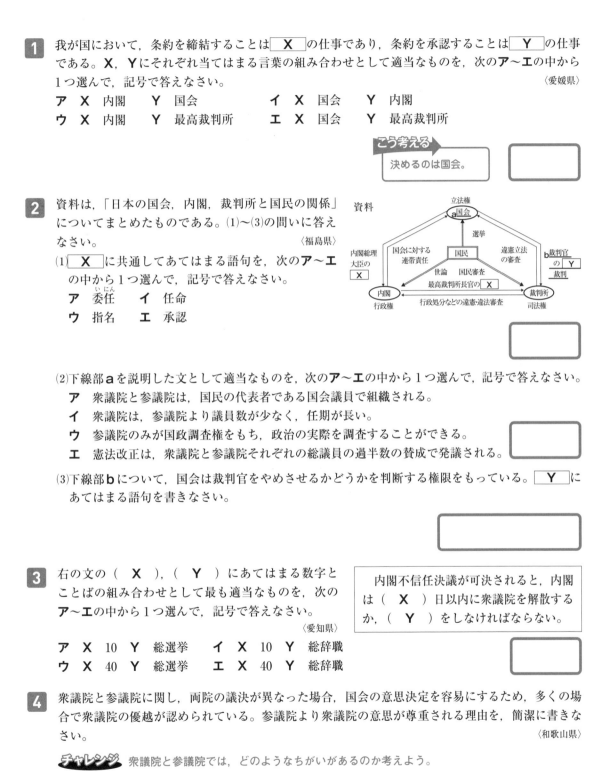

資料

(1) **X** に共通してあてはまる語句を，次の**ア～エ**の中から1つ選んで，記号で答えなさい。

ア　委任　　イ　任命
ウ　指名　　エ　承認

(2)下線部**a**を説明した文として適当なものを，次の**ア～エ**の中から1つ選んで，記号で答えなさい。

ア　衆議院と参議院は，国民の代表者である国会議員で組織される。
イ　衆議院は，参議院より議員数が少なく，任期が長い。
ウ　参議院のみが国政調査権をもち，政治の実際を調査することができる。
エ　憲法改正は，衆議院と参議院それぞれの総議員の過半数の賛成で発議される。

(3)下線部**b**について，国会は裁判官をやめさせるかどうかを判断する権限をもっている。 **Y** にあてはまる語句を書きなさい。

3 右の文の（ **X** ），（ **Y** ）にあてはまる数字とことばの組み合わせとして最も適当なものを，次の**ア～エ**の中から1つ選んで，記号で答えなさい。　〈愛知県〉

　　内閣不信任決議が可決されると，内閣は（ **X** ）日以内に衆議院を解散するか，（ **Y** ）をしなければならない。

ア **X** 10　**Y** 総選挙　　イ **X** 10　**Y** 総辞職
ウ **X** 40　**Y** 総選挙　　エ **X** 40　**Y** 総辞職

4 衆議院と参議院に関し，両院の議決が異なった場合，国会の意思決定を容易にするため，多くの場合で衆議院の優越が認められている。参議院より衆議院の意思が尊重される理由を，簡潔に書きなさい。　〈和歌山県〉

チャレンジ 衆議院と参議院では，どのようなちがいがあるのか考えよう。

71

見分けがつかない

刑事裁判と民事裁判の見分けがつかない

ここに注目！で攻略

▶▶▶▶ 検察官がいるかいないか！

例題

図は，ある裁判の流れについて大まかに示したものである。これについて，次の(1)，(2)に答えなさい。 〈山口県〉

(1)図の流れで行われる裁判を何というか。書きなさい。

(2)下線部①について，このうち最高裁判所は，「憲法の番人」といわれているが，それはなぜか。簡潔に書きなさい。

図

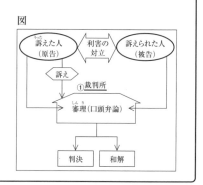

こう考える

検察官がいる＝刑事裁判，原告（と被告）がいる＝民事裁判，で見分ければよい。

刑事裁判のしくみ

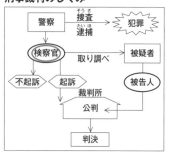

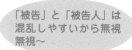

「被告」と「被告人」は混乱しやすいから無視無視～

民事裁判のしくみ

(1)図中に検察官がおらず，原告と被告がいる。

(2)最高裁判所は，法律や命令などが憲法に違反していないかを判断する最終的な決定権をもっているので，憲法の番人とよばれている。

答え

(1) 民事裁判

(2) （例） 法律などが憲法違反かどうかを最終的に判断する権限をもっているから。

ココ は覚える 裁判のしくみ

・三審制…1つの事件につき，3回まで裁判を受けることができる制度。慎重な審議を行うために設けられている。

・裁判員制度…国民の中から選ばれた裁判員が，裁判官とともに刑事事件の第一審で審理する制度。

1 右の図は裁判が行われる法廷(ほうてい)のようすを表している。これは，刑事裁判と民事裁判のどちらの法廷のようすを表しているか。判断した理由もあわせて簡潔に書きなさい。　〈和歌山県〉

裁判の種類 [　　　　　　　]

理由 [　　　　　　　　　　　　　　　　]

図

裁判官席

書記官席

原告席　証言台　被告席

傍聴人席(ぼうちょうにん)

こう考える ➡ 法廷でだれとだれが争っているのかに注目する。

2 日本国憲法は裁判を受ける権利を保障している。次の文は，2009年からスタートした裁判員制度のねらいについて説明したものである。文中の　A　，　B　，　C　にあてはまる語句の組み合わせとして正しいものを，あとの**ア～カ**の中から1つ選んで，記号で答えなさい。　〈島根県〉

> 　裁判員制度は　A　制度改革の一環(いっかん)として導入された。　B　が，　C　裁判に参加することによって，裁判の内容に　B　の視点，感覚が反映されることになり，　A　に対する　B　の理解が深まり，その信頼が高まることが期待されている。

	ア	イ	ウ	エ	オ	カ
A	行政	司法	司法	行政	行政	司法
B	検察官	国民	検察官	国民	検察官	国民
C	刑事	民事	民事	刑事	民事	刑事

[　　　]

3 右の写真は裁判所の法廷のようすを，図は三審制のしくみの一例を示したものである。写真の見出し中の**X**，図中の**Y**，**Z**にあてはまる語句の組み合わせとして正しいものを，次の**ア～カ**の中から1つ選んで，記号で答えなさい。　〈島根県〉

- **ア** **X**－民事　**Y**－高等　**Z**－控訴(こうそ)
- **イ** **X**－民事　**Y**－高等　**Z**－起訴
- **ウ** **X**－民事　**Y**－簡易　**Z**－控訴
- **エ** **X**－刑事　**Y**－簡易　**Z**－起訴
- **オ** **X**－刑事　**Y**－高等　**Z**－控訴
- **カ** **X**－刑事　**Y**－高等　**Z**－起訴

写真 　（ **X** ）裁判のようす

図

最高裁判所

↑…上告

（ **Y** ）裁判所（全国に8か所）

↑…（ **Z** ）

地方裁判所（全国に50か所）

チャレンジ

　まずは写真から裁判の種類を判断。二審は上級の裁判所へ進む。

[　　　]

計算がニガテ

選挙のドント式って何？

これだけ暗記！で攻略

▶▶▶▶ **計算方法をマスターする！**

例題

右の表を比例代表制における定数が5議席の選挙区の投票結果とするとき，あ党～お党に配分される議席の数を，それぞれ書きなさい。ただし，議席の配分はドント式（方式）によるものとする。

〈北海道〉

表

政党名	得票数（千票）
あ党	516
い党	330
う党	246
え党	159
お党	132

こう考える ▶ 割り算をした後に，商の数字を大きい方から5番目まで数えるだけでよい。

> いったん3位くらいでストップ。全部の数に順位をつける必要はない！

ドント式の手順は…

① 得票数÷整数（1，2，3…）の割り算をする。

② 票数の多いところから順番に当選。多い数から1位，2位，3位…と順位をふる。

③ 定数が何議席かを確認する。4位以下も必要であればさらに計算を続ける。

> 多くても6位くらいまででOKの場合が多いよ～

政党名	得票数（千票）	得票数÷1	得票数÷2	得票数÷3	獲得議席
あ党	516	516.0 **1位**	258.0 **3位**	172.0 **5位**	3
い党	330	330.0 **2位**	165.0	110.0	1
う党	246	246.0 **4位**	123.0	82.0	1
え党	159	159.0	79.5	53.0	0
お党	132	132.0	66.0	44.0	0

答え あ党 3，い党 1，う党 1，え党 0，お党 0

ココ は覚える 衆議院・参議院の選挙方式

衆議院議員選挙	小選挙区制	1区から1人選出。全国の定数は**289**。
	比例代表制	全国を11単位に分け，政党ごとの得票数からドント式で選出。定数は**176**。
参議院議員選挙	選挙区制	都道府県を1区として選出。定数は**148**。
	比例代表制	全国を1つの単位にして，政党の得票数からドント式で選出。定数は**100**。

（2021年7月現在）

1 次は，授業で行った模擬選挙の結果と生徒の会話である。　　〈秋田県・改〉

表　模擬選挙の結果（定数6人）

		X班	Y班	Z班
	得票数	15	9	6
配分方法	得票数÷1	15.0	9.0	6.0
	〃 ÷2	7.5	4.5	3.0
	〃 ÷3	5.0	3.0	2.0
	〃 ÷4	3.75	2.25	1.5
	議席配分数	①	②	1

生徒**A**：今回は，個人名ではなく，班名を書いて投票したから，　**あ**　の方法と同じだね。

生徒**B**：この方法は，**Z**班にも議席が配分されたように，　**い**　も結果に反映されやすいね。

(1)表中の①，②にあてはまる，この模擬選挙で**X**班と**Y**班が得た議席はそれぞれ何議席ですか。

こう考える
商が多い順に6位までチェック！

X班　　　　　　　議席　　**Y**班　　　　　　　議席

(2)　**あ**　にあてはまる語を，次の**ア〜ウ**の中から1つ選んで，記号で答えなさい。また，　**い**　にあてはまる内容を書きなさい。

　ア　小選挙区制　　　**イ**　大選挙区制　　　**ウ**　比例代表制

こう考える
得票数が少ない班も，1議席を獲得している。多数の意見だけが採用されたのではないと考える。

あ　　　　　**い**

2 7つの議席が割り当てられたある地域で比例代表選挙が行われ，資料のような結果が得られた。このとき，**A**党と**C**党が獲得する議席数はそれぞれいくつになるか，その組合せとして正しいものを，次の**ア〜エ**の中から1つ選んで，記号で答えなさい。ただし，獲得議席数の計算にはドント式を用い，各政党の名簿には7名ずつの候補者が記載されているものとする。　〈佐賀県〉

資料

政党	A党	B党	C党	D党
獲得票数	12,000	7,200	4,800	1,800

	A党	C党
ア	4議席	1議席
イ	4議席	0議席
ウ	3議席	2議席
エ	3議席	1議席

チャレンジ
1　獲得票数÷整数（1, 2, 3…）の割り算をする。
2　多い商から順位をふる。
3　議席を確認する。

計算がニガテ

「一票の価値」って何をすればいいの？

これだけ暗記！で攻略

▶▶▶▶ $\dfrac{議席数}{有権者数}$ で計算するしかない！

例題

表は，ある県の衆議院小選挙区ごとの有権者数を示したものである。一票の価値が最も高い選挙区を，表の1区〜5区から選んで答えなさい。　〈熊本県〉

表

衆議院小選挙区	1区	2区	3区	4区	5区
有権者数（人）	416998	272859	248295	400730	294868

（平成23年9月2日現在「総務省資料」による）

こう考える ▶

分母が大きいと数字（票の価値）は小さくなる。分母が小さいと数字（票の価値）は大きい。同じ議席数なら，有権者数の多いほうが一票の価値が低くなる。

表

衆議院小選挙区	1区	2区	3区	4区	5区
有権者数（人）	416998	272859	248295	400730	294868

（平成23年9月2日現在「総務省資料」による）

小選挙区は議席数が1だから

1区… $\dfrac{1}{416998}$ ← これが価値の大きさ！

2区… $\dfrac{1}{272859}$

3区… $\dfrac{1}{248295}$

4区… $\dfrac{1}{400730}$

5区… $\dfrac{1}{294868}$

有権者数（分母）が大きいところは数が小さくなる→票の価値が低い。→価値を上げたい！

有権者数（分母）が小さいところは数が大きくなる→票の価値が高い。→価値を下げて低いところに近づけたい！

割り算すればいいだけじゃん！

選挙区によって有権者の数がちがうので，1人を当選させるのに必要な票数に差が出てくる。有権者の多い選挙区では，有権者の少ない選挙区に比べて，一票の価値が低くなってしまう。

ココは覚える 一票の価値の求め方

$\dfrac{議席数}{有権者数}$ ＝一票の価値

価値が低いなんて言われたくないよね〜

答え　3区

一票の価値に差があると，平等な選挙とはいえず，選挙の無効を求める裁判も行われている。
最終判断をするのは最高裁判所。憲法の番人とよばれることがセットでよく出るので，覚えておくと便利。
一票の価値の差を縮めるために，選挙区の範囲や定数の変更などが行われている。

入試問題にチャレンジ

答え ➡ 別冊 P.24

1 一票の格差に関し，表は，国政選挙の一部の選挙区の定数と，2022年9月1日現在の有権者数を示したものである。これを見て，(1)，(2)に答えなさい。 〈和歌山県〉

表

	定数	有権者数
北海道2区	1	461188
千葉4区	1	405337
愛知9区	1	383431
和歌山1区	1	403217
広島6区	1	381074
鳥取1区	1	229371

（総務省ホームページから作成）

(1)表は，衆議院と参議院のどちらの選挙区を示したものか，判断した理由もあわせて書きなさい。

選挙区 [   ]

こう考える▶ 定数に注目する。

理由 [   ]

(2)表には，全国で最も有権者数の多い選挙区と，最も有権者数の少ない選挙区が含まれている。一票の格差は最大で何倍か，小数第2位を四捨五入して書きなさい。

こう考える▶ 最も多い選挙区と最も少ない選挙区の有権者数を比べる。

[   ] 倍

2 2022年11月，2022年の参議院議員選挙を「違憲状態」と高等裁判所が判断した。どのような点が「違憲状態」と判断されたのか，資料を参考にして，簡潔に書きなさい。 〈群馬県〉

資料 参議院議員選挙の定数と有権者数

県名（選挙区名）	福井県	神奈川県
定数	1人	4人
有権者数	約64万人	約770万人

（2022年7月当時）

[   ]

3 次の資料1は，2015年の公職選挙法の改正により，参議院の議員定数が改められた宮城県，新潟県，兵庫県，東京都の4つの選挙区における改正前，改正後の参議院の議員定数を，資料2は，2015年の宮城県，新潟県，兵庫県，東京都の有権者数を示したものである。資料1に示したように，公職選挙法の改正により参議院の議員定数が改められたのはなぜか，資料1，資料2から読み取れることをもとにして，簡潔に書きなさい。 〈三重県〉

〈資料1〉 2015年の公職選挙法の改正により，参議院の議員定数が改められた宮城県，新潟県，兵庫県，東京都の4つの選挙区における改正前，改正後の参議院の議員定数

選挙区	改正前議員定数	改正後議員定数
宮城県	4人	2人
新潟県	4人	2人
兵庫県	4人	6人
東京都	10人	12人

〈資料2〉 2015年の宮城県，新潟県，兵庫県，東京都の有権者数

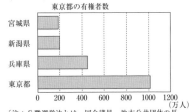

〔注：公職選挙法とは，国会議員，地方公共団体の長，議会の議員の選挙の実施に関する法律のことである。〕

（資料1，資料2は，総務省ホームページ，ほかから作成）

チャレンジ 有権者数の多いところは定数が増え，有権者数の少ないところは定数が減っていることから考える。

[   ]

覚えられない
$\frac{1}{3}$とか$\frac{2}{3}$とかがいっぱい出てきてイヤだ

これだけ暗記！で攻略

▶▶▶▶ 「傘，酷使」で覚えておこう！

例 題

右の表は，地方自治において住民に認められている直接請求権をまとめたものの一部である。表の　X　，　Y　にあてはまる語句をそれぞれ書きなさい。　〈福島県〉

表　地方自治において住民に認められている直接請求権

請求の内容	必要な署名	請求先
条例の制定，改廃	有権者の　X　以上	首長
議員・首長の解職	有権者の３分の１以上	Y

こう考える ▶ 公民でよく出る数字は，多い方から順にゴロ合わせで「かさ $\left(\frac{2}{3}\right)$，こ（過半数），く $\left(\frac{1}{3}\right)$，し $\left(\frac{1}{50}\right)$」と覚えるとよい！

	内容	必要な賛成数・投票数・署名数
国	憲法改正の発議	総議員の３分の２以上
	法律案の再可決	出席議員の３分の２以上
	国民投票	過半数
地方	地方議会の解散	有権者の３分の１以上
	首長・議員の解職	
	監査	有権者の50分の１以上
	条例の制定・改廃	

		多
かいせい さいかけつ	$\frac{2}{3}$以上	
こくみん投票	過半数	
くびにする	$\frac{1}{3}$以上	
しらべる・条例	$\frac{1}{50}$以上	少

答 え X 50分の1　Y 選挙管理委員会

 ココは覚える 直接請求権の請求先

地方自治の問題では，請求先も重要。選挙で決めるものは選挙管理委員会に，監査は監査委員に，条例については首長に請求する。

内容	請求先
地方議会の解散	選挙管理委員会
首長・議員の解職	
監査	監査委員
条例の制定・改廃	首長

選挙管理委員会さ～ん，あの人クビにしてくださーい。

1 地方公共団体の議会の解散請求について述べた次の文の ｛　　｝(1), (2)のそれぞれに当てはまることばを，**ア**，**イ**から選んで，記号で答えなさい。〈北海道〉

議会の解散請求は，有権者の(1) ｛**ア**　50分の1　　**イ**　3分の1｝ 以上の署名を必要とし，その請求先は(2) ｛**ア**　選挙管理委員会　　**イ**　首長｝ である。

こう考える▶

「傘，酷使」の「く」！

(1) ☐　　(2) ☐

2 法律の制定について，参議院が衆議院と異なる議決をした法律案は，衆議院で再び可決されれば法律となる。定数480人の衆議院で450人の議員が出席した場合，再可決のためには最低何人の賛成が必要か，人数を書きなさい。〈熊本県〉

こう考える▶

「傘，酷使」の「さ」！
出席議員から求めよう。

☐ 人

3 憲法の改正の手続きに関して，次の◯◯◯◯の文中の ┃ **a** ┃～┃ **c** ┃ に当てはまる語の組み合わせをあとの**ア～カ**の中から1つ選んで，記号で答えなさい。〈茨城県〉

日本国憲法では，憲法を改正するには，衆議院と参議院の各議院において総議員の ┃ **a** ┃ の賛成で ┃ **b** ┃ が発議し，┃ **c** ┃ で過半数の賛成が必要である。

ア a 過半数 b 内閣 c 国民投票
イ a 過半数 b 内閣 c 国民審査
ウ a 過半数 b 国会 c 国民審査
エ a 3分の2以上 b 国会 c 国民審査
オ a 3分の2以上 b 国会 c 国民投票
カ a 3分の2以上 b 内閣 c 国民投票

こう考える▶

「傘，酷使」の「か」！改正には国民の同意が必要。

☐

4 はるこさんの市では，市民によって「ペットのフン尿処理条例」の制定が請求されている。はるこさんは，その手続きについて次の◯◯◯◯のようにまとめた。その内容が正しければ◯，正しくなければ×を書きなさい。また，そのように判断した理由を，資料をもとに簡潔に書きなさい。〈石川県〉

市民から少なくとも 6,103 人の有効な署名を集め，市長に提出すれば，条例の制定を請求することができる。

資料　はるこさんの市の人口等

人　口	375,528 人
有権者数	305,129 人

チャレンジ 「傘，酷使」のどれにあたるか考えよう。請求先にも注意。

☐

理由 ☐

理解できない

「労働」って想像できない

これが出たらこう答える！

▶▶▶▶ 「労働のグラフが出てきたら増加中」
と覚えておく！

例題

図は，労働者全体に占める非正規の労働者（非正規の社員）の割合がどう変化したかを，男女別に表したものである。グラフから読み取れることについて説明した□□□の文中の a ， b に当てはまる語の組み合わせを，次の**ア～エ**の中から1つ選んで，記号で答えなさい。また，あ に適する数字を整数で書きなさい。　〈茨城県〉

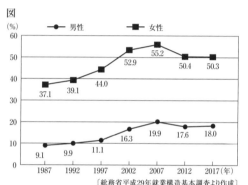

[総務省平成29年就業構造基本調査より作成]

ア a 増加　b 男性
イ a 増加　b 女性
ウ a 減少　b 男性
エ a 減少　b 女性

男女とも，非正規の労働者の割合は a しているが，すべての年で b の方がその割合が高い。また，2017年には，男性労働者のおよそ あ 人に1人が，非正規の労働者であったことがわかる。

こう考える ▶ 「非正規と女性の労働者は増加」とあらかじめ覚えておけば選択肢（せんたくし）をしぼることができる。あとはグラフや表を見て計算する。

ココ は覚える 労働者の実態

・全体の非正規の割合は増加。特に女性は非正規の割合が高い。
・労働者全体の数は女性より男性の方が多い。

グラフを見なくても解けちゃう！

2017年には，男性労働者のうち，非正規の労働者の割合は18.0％。これは100人に18.0人が非正規の労働者ということ。問題に整数の指示があることから，非正規の労働者は100人に約20人と考える。ここでは「○○人に1人」と問われているので，100人÷20人＝5人。

答え イ, 5

1 次の文章は，資料について述べたものである。文章中の（　**あ**　），（　**い**　）に当てはまる語の組み合わせとして適切なものを，あとの**ア〜エ**の中から1つ選んで，記号で答えなさい。　　〈青森県〉

> 2002 年にくらべて 2022 年は，正規雇用者数は（　**あ**　）のみ減少している。また，非正規雇用者数を見ると，2002 年にくらべて 2022 年は男女とも増加しており，雇用者の約（　**い**　）％が非正規雇用者となっている。

資料　雇用者数とその内訳　　　　　　　　　（万人）

	雇用者数	うち正規雇用者数		うち非正規雇用者数	
		男性	女性	男性	女性
2002 年	4940	2437	1052	431	1021
2022 年	5689	2339	1249	669	1432

(注)　非正規雇用者数は，パート・アルバイト，派遣社員等の合計を表している。また，1 万人未満は四捨五入しているため，雇用者数とその内訳の合計は一致していない。

〔総務省統計局労働力調査より作成〕

ア　**あ**－男性　　**い**－約 40　　**イ**　**あ**－女性　　**い**－約 40
ウ　**あ**－男性　　**い**－約 20　　**エ**　**あ**－女性　　**い**－約 20

こう考える▶

> 全体では非正規雇用者が増えていることから，もともと正規雇用者の割合が大きい方が減少する割合は大きい。

2 グラフ1は，1990 年と 2022 年の，労働者のうち正社員と正社員以外（パート，アルバイト，派遣社員，契約社員など）の割合を，グラフ2は，2021 年の，正社員と正社員以外の，年齢別の賃金を示している。また，表は，2019 年の，派遣契約件数に占める派遣契約期間別の契約件数の割合を表したものである。グラフ1，グラフ2，表から分かる日本の労働者を取り巻く雇用の現状と，現状から考えられる労働者の生活の問題点を，70 字程度で書きなさい。　　〈静岡県〉

表

派遣契約期間	割合（％）
3 か月以下	1.1
3 か月を超え 1 年以下	15.4
1 年を超え 3 年以下	32.6
3 年を超える	8.8
期間の定めがない	42.1

注　厚生労働省資料により作成

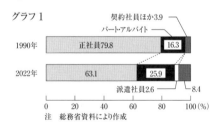

グラフ1

注　総務省資料により作成

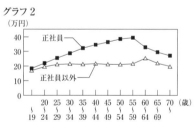

グラフ2

注1　厚生労働省資料により作成
　2　賃金は，1か月当たりの所定内給与額（時間外勤務や休日出勤など超過労働給与額を含まない給与の額）の平均を示している。

チャレンジ　日本の雇用がどう変化しているのか，また正社員と正社員以外の労働条件の違いがどう生活に影響すると考えられるかをまとめよう。

\理解できない/
財政といえば？

これが出たらこう答える！

▶▶▶▶ グラフが出たら「高齢化」か「借金返済」！

例題

グラフは，日本の2022年度当初予算における歳出（さいしゅつ）の内訳を表したグラフであり，グラフ中の（a）～（f）には右下の①～⑥のいずれかが入る。このうち（a）と（b）にあてはまるものの組み合わせとして正しいものを，次の**ア～カ**の中から1つ選んで，記号で答えなさい。 〈佐賀県〉

グラフ

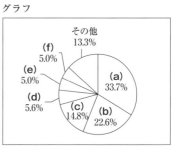

その他 13.3%
（f）5.0%
（e）5.0%
（d）5.6%
（c）14.8%
（b）22.6%
（a）33.7%

（財務省資料より作成）

ア （a）－① （b）－④
イ （a）－① （b）－⑤
ウ （a）－② （b）－⑤
エ （a）－② （b）－⑥
オ （a）－③ （b）－④
カ （a）－③ （b）－⑥

① 文教（ぶんきょう）および科学振興費（かがくしんこうひ）（教育・文化）
② 公共事業関係費
③ 社会保障関係費
④ 防衛関係費
⑤ 地方交付税交付金等（地方財政）
⑥ 国債費（こくさいひ）

こう考える ▶ 日本の歳出の課題は，社会保障関係費と国債費。歳出のグラフが出されたら，高齢化問題と国の借金返済について問われることが多い。

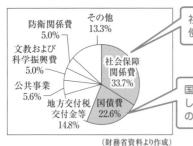

防衛関係費 5.0%
その他 13.3%
文教および科学振興費 5.0%
公共事業 5.6%
地方交付税交付金等 14.8%
社会保障関係費 33.7%
国債費 22.6%

（財務省資料より作成）

社会保障のために使われる。

国が資金を集めるため発行した，国債の元本と利子の支払いのための費用。

どちらがどちらかはわからなくてもだいじょうぶ。「社会保障関係費」か「国債費」だと覚えていれば解けちゃうぞ。

答え カ

ココは覚える 地方財政の国からの資金

・地方交付税交付金…地方公共団体間での財政の格差を埋めるため，国が地方公共団体へ配分する資金のこと。使いみちは自由。
・国庫支出金…国から地方公共団体に支給される，国に委任された特定の活動を行うための資金。使いみちは指定されている。

入試問題にチャレンジ

答え ➡ 別冊 P.26

1 大介さんは,「財政」というテーマで調べたことを発表した。後の(1),(2)の問いに答えなさい。

〈群馬県〉

資料Ⅰ　大介さんの発表原稿

> 令和4年度の国の歳出は,資料Ⅱのとおりです。最も多いのは
> ◯◯◯◯関係費で,これは社会保険や社会福祉(ふくし)などにあてられます。
> 歳入については,国の借金である公債金(こうさいきん)(国債)が歳入にしめる割
> 合が大きいことが課題となっています。

資料Ⅱ　国の歳出

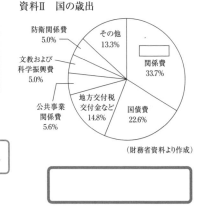

防衛関係費 5.0%
その他 13.3%
文教および 科学振興費 5.0%
◯◯◯◯関係費 33.7%
公共事業 関係費 5.6%
地方交付税 交付金など 14.8%
国債費 22.6%

(財務省資料より作成)

(1)資料Ⅰ,Ⅱの ◯◯◯◯ に当てはまる語を書きなさい。

こう考える ▶ 国の歳出で問われるのは「国債費」か「社会保障関係費」と考えてよい。

(2)資料Ⅰの下線部に関して,国債の発行は慎重(しんちょう)に行わなければならないとされている。その理由を,資料Ⅱを参考にして,簡潔に書きなさい。

こう考える ▶ 国債費は,国債を発行して得たお金を返済するのにかかる費用。グラフからは,歳出の4分の1近くを占めていることがわかる。

2 グラフⅠはわが国の一般会計における歳出額の推移(すいい)を,グラフⅡはわが国の年齢別人口の割合の変化を示している。グラフⅠ,グラフⅡをみて,あとの(1),(2)の問いに答えなさい。

〈長崎県〉

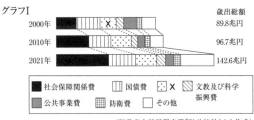

グラフⅠ
歳出総額
2000年 89.8兆円
2010年 96.7兆円
2021年 142.6兆円

■ 社会保障関係費　▥ 国債費　▨ X　◫ 文教及び科学振興費
▦ 公共事業費　▤ 防衛費　□ その他

(財務省主計局調査課『財政統計』から作成)

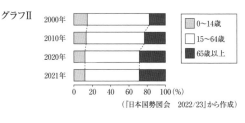

グラフⅡ
2000年
2010年
2020年
2021年

▨ 0〜14歳
□ 15〜64歳
■ 65歳以上

0 20 40 60 80 100(%)

(『日本国勢図会 2022/23』から作成)

(1)グラフⅠの **X** は,地方財政における税収入の不均衡(ふきんこう)を是正(ぜせい)するために,国が使いみちを指定することなく地方公共団体に配分する資金である。これを何というか,書きなさい。

(2)グラフⅠにおいて,2000年から2021年にかけて歳出額が最も増加した項目をあげ,それが増加した理由をグラフⅡと関連づけて簡潔に書きなさい。

チャレンジ 歳出額が最も増えているのは社会保障関係費。

見分けがつかない
どうして円が下がると「円高」というの？

イメージで攻略
▶▶▶▶ **1円＝○○ドルで考える！**
もうけた方が価値が高い！

例題

右の表は，為替レートの変化が貿易にあたえる影響を理解しやすくするために，1ドルが100円と200円のときを想定して作成したものである。また，右の文は，この表をもとに，円高について述べたものである。表中の（ **X** ）にあてはまる数字は何か。その数字を書きなさい。また，文中の（ **Y** ）と（ **Z** ）にあてはまることばの組み合わせとして正しいものを次の**ア**〜**エ**の中から1つ選んで，記号で答えなさい。〈岩手県〉

日本製のスポーツシューズ1足あたりの価格

為替レート	1ドル＝100円	1ドル＝200円
日本での価格	5000円	5000円
アメリカ合衆国での価格	50ドル	（ **X** ）ドル

「円高が進んだ」というのは，為替レートが（ **Y** ）へ動いたときである。円高が進むと，アメリカ合衆国での日本製のスポーツシューズの価格が変化し，このことから，わが国の（ **Z** ）には不利になることがわかる。

ア **Y**：1ドル＝100円から1ドル＝200円　　**Z**：輸出
イ **Y**：1ドル＝100円から1ドル＝200円　　**Z**：輸入
ウ **Y**：1ドル＝200円から1ドル＝100円　　**Z**：輸出
エ **Y**：1ドル＝200円から1ドル＝100円　　**Z**：輸入

こう考える ▶ 「1円＝○○ドル」になるように割って考える！

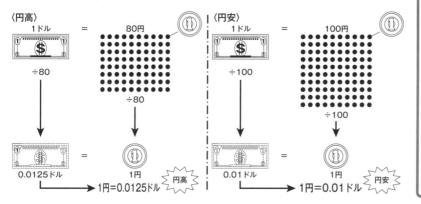

1ドル＝200円のとき，アメリカ合衆国での価格は5000円÷200円＝25ドル。1ドル＝200円から1ドル＝100円の円高になると，5000円のスポーツシューズが25ドルから50ドルになるので相手国は買い控えるようになり，日本の輸出が不利になる。

答え **25，ウ**

1 右のグラフは，円のドルに対する為替相場の推移を表したものである。グラフを見て，その内容を説明した次の文の空欄（ **X** ），（ **Y** ）に入る適当な語を答えなさい。　　〈鳥取県〉

グラフ　円のドルに対する為替相場（1月平均値）の推移

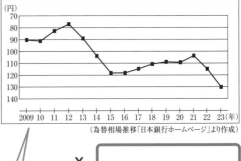

（為替相場推移「日本銀行ホームページ」より作成）

2009年から2023年にかけて，円のドルに対する為替相場は（ **X** ）が進む傾向にあった。2009年と比較すると，2023年は1.4倍以上も円の価値が変動しているため，日本の輸入産業にとっては（ **Y** ）な状態になっている。

X [　　　　　　]

Y [　　　　　　]

こう考える ▶
2009年に1ドル＝およそ90円だったのが，2023年には1ドル＝およそ130円になっているので，円の価値は下がっている。

2 太郎さんは円高・円安についてノートにまとめた。　　〈長野県〉

ノート

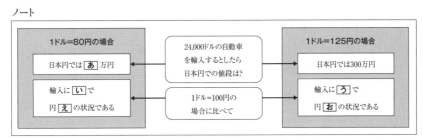

① ノート中の **あ** に当てはまる値を書きなさい。

[　　　　　　]

② ノート中の **い** ～ **お** に当てはまる語句の正しい組み合わせを，次の**ア～エ**の中から1つ選んで，記号で答えなさい。

ア い 不利　う 有利　え 高　お 安
イ い 有利　う 不利　え 高　お 安
ウ い 有利　う 不利　え 安　お 高
エ い 不利　う 有利　え 安　お 高

[　　　　　　]

3 次の文章は，為替相場の変動について述べたものである。文章中の（　　）にあてはまる最も適当な数を書きなさい。　　〈愛知県〉

　円とドルを例にとると，円を使ってドルを買いたい人と，ドルを使って円を買いたい人の通貨の需要と供給が一致したところでドルの価格が決まる。円とドルの交換比率が「1ドル＝100円」のとき，日本での販売価格が300万円の自動車は，アメリカでの販売価格は3万ドルになるが，ドルが値下がりして「1ドル＝75円」になったとき，この自動車のアメリカでの販売価格は，（　　）ドルになる。

チャレンジ 為替相場が変動しても，自動車の日本での販売価格が300万円なのは同じ。300万円を1ドル＝75円で換算しよう。

[　　　　　　]

グラフがキライ

「需要」と「供給」のグラフがわからない

イメージで攻略

▶▶▶▶ 気持ちを考える！

例題

グラフは，自由な競争が行われている市場における商品**X**の価格と取り引きされる数量を示したものである。**A**の線は価格と需要量の関係を，**B**の線は価格と供給量の関係をそれぞれあらわしている。このグラフを見て，次の文の ｜　｜ に当てはまる語句を，**ア**，**イ**の中から1つ選んで記号で答えなさい。また，□□□ に当てはまる数字を書きなさい。　　　　　　　　　〈北海道〉

グラフ

価格
（円）
700
600
500
400
300
200
100
0

A　B

0　500　1000　1500　数量
（個）

　このグラフにおいて，商品**X**の価格が200円の場合には，需要量が供給量より ｜**ア** 多い　**イ** 少ない｜ ので，価格はしだいに上昇していき，需要量と供給量が一致すると安定する。

　需要量と供給量が一致する □□□ 円が，この商品の均衡価格である。

こう考える　　需要（買い手）と供給（売り手）の気持ちになって考える。

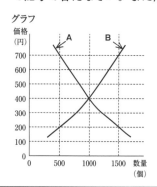

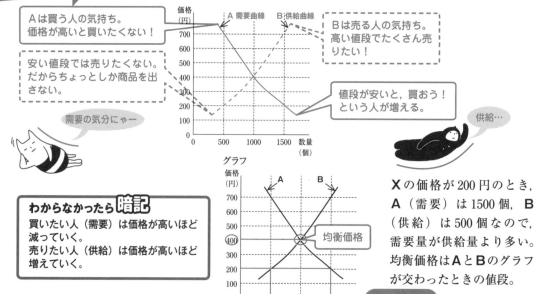

Aは買う人の気持ち。価格が高いと買いたくない！

安い値段では売りたくない。だからちょっとしか商品を出さない。

需要の気分にゃー

Bは売る人の気持ち。高い値段でたくさん売りたい！

値段が安いと，買おう！という人が増える。

供給…

わからなかったら暗記
買いたい人（需要）は価格が高いほど減っていく。
売りたい人（供給）は価格が高いほど増えていく。

Xの価格が200円のとき，**A**（需要）は1500個，**B**（供給）は500個なので，需要量が供給量より多い。均衡価格は**A**と**B**のグラフが交わったときの値段。

答え　　**ア，400（円）**

入試問題にチャレンジ

答え ➡ 別冊 P.27

1 図は，ある商品の需要量・供給量と価格の関係を表している。これを見て，次の(1)，(2)に答えなさい。〈和歌山県〉

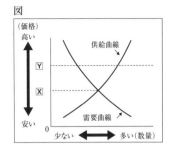

図

(1)図中の価格 **X** は，需要量と供給量が一致した価格を示している。この価格を何というか，書きなさい。

こう考える

需要量と供給量が均衡を保っている。

(2)ある商品の価格が，図中の **Y** のとき，一般に価格はこの後どのように変化すると考えられるか。「需要量」「供給量」の語句を用いて，簡潔に書きなさい。

2 卸売市場などで取引される商品の価格は，一般的に需要量と供給量の関係で変化する。資料は，需要量と供給量と価格の関係を表している。____内は，資料について説明したものである。____内の （ **あ** ），（ **い** ）に当てはまる言葉を，あとの**ア〜エ**の中から１つずつ選んで，記号で答えなさい。〈奈良県〉

資料

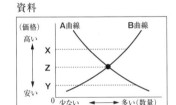

　一般的に，**A**曲線は，価格と買い手が希望する購入量との関係を示しており，**B**曲線は，価格と売り手が希望する販売量との関係を示している。価格が**X**の場合は，（ **あ** ）。価格が**Y**の場合は，（ **い** ）。このように商品の価格は，買い手が希望する購入量と売り手が希望する販売量の関係で変化し，やがて，それぞれの数量が一致する価格**Z**に落ち着く。

ア 品不足になるため，価格は上がる　　**イ** 品不足になるため，価格は下がる
ウ 売れ残りがでるため，価格は上がる　**エ** 売れ残りがでるため，価格は下がる

こう考える

A曲線は需要曲線，B曲線は供給曲線。需要量が供給量より多いと品不足になり，需要量が供給量より少ないと売れ残りが出る。

あ ____　い ____

3 500円で1,000個売り出された商品に売れ残りがでた。このときの需要曲線と供給曲線の関係を表す図として，最も適当なものを，次の**ア〜ウ**の中から１つ選んで，記号で答えなさい。〈鹿児島県〉

チャレンジ 売れ残りが出たということから，需要量と供給量のどちらが多かったかを考えよう。

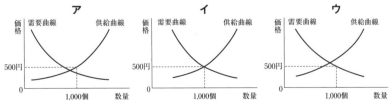

覚えられない
「温暖化」ってよく見るけどわからない

これだけ暗記！で攻略

▶▶▶▶ CO_2 → 先進国＝減，中国＝増！

例題

表1は二酸化炭素排出量（はいしゅつ）の割合が高い6か国を，表2は表1の6か国の国民総所得を示したものである。表1，表2から読み取れることを述べた文として適切なものを，次の**ア〜エ**の中から1つ選んで，記号で答えなさい。　〈兵庫県〉

ア 1990年と2019年を比べて二酸化炭素総排出量が減少している国は，いずれも2000年と2019年を比べて国民総所得が減少している。

イ 2000年と2019年を比べて国民総所得の増加が2倍以下の国は，いずれも1990年と2019年を比べた時の二酸化炭素総排出量の増減率は5％以上である。

ウ 1990年と2019年を比べて二酸化炭素総排出量が2倍以上に増加している国は，いずれも2000年と2019年を比べて国民総所得が2倍以上に増加している。

エ 2000年と2019年の国民総所得が最も高い国は，2019年の二酸化炭素総排出量が1番多い国である。

表1

国名	世界の二酸化炭素総排出量に占める国別の排出量の割合（％）（2019年）	二酸化炭素総排出量（百万t） 1990年	二酸化炭素総排出量（百万t） 2019年	1990年と2019年を比べた時の二酸化炭素総排出量の増減率（％）
中国	28.2	2,361	10,619	350
アメリカ合衆国	13.9	5,112	5,246	3
インド	6.4	602	2,422	302
ロシア	5.9	2,685	2,209	−18
日本	2.8	1,064	1,071	1
ドイツ	1.7	957	658	−31

『世界国勢図会』より作成

表2

国名	国民総所得（GNI）（億ドル） 2000年	国民総所得（GNI）（億ドル） 2019年
中国	11,992	142,462
アメリカ合衆国	103,837	217,087
インド	4,711	28,625
ロシア	2,544	16,339
日本	49,573	52,524
ドイツ	19,322	40,144

『世界国勢図会』より作成

こう考える　先進国は，今まで二酸化炭素（CO_2）を排出しすぎたので今後は減らそうとしている。工業化のいちじるしい中国などは今，排出量が増えてきている。

国名	世界の二酸化炭素総排出量に占める国別の排出量の割合（％）（2019年）	二酸化炭素総排出量（百万t） 1990年	二酸化炭素総排出量（百万t） 2019年	1990年と2019年を比べた時の二酸化炭素総排出量の増減率（％）
中国	28.2	2,361	10,619	350
アメリカ合衆国	13.9	5,112	5,246	3
インド	6.4	602	2,422	302
ロシア	5.9	2,685	2,209	−18
日本	2.8	1,064	1,071	1
ドイツ	1.7	957	658	−31

『世界国勢図会』より作成

中国に着目すると，排出量が2倍以上に増えている。一方，アメリカや日本があまり増えていないのは，二酸化炭素を減らそうとする取り組みをしているからである。

(裏)ワザ
所得の増加→工業がさかんになった→二酸化炭素の排出量増加，も覚えておくと便利。

答え　ウ

1 太郎さんは，地球温暖化に関する国際会議に出席した国々の意見をノートにまとめた。ノート中の**A～D**はどの国，または国々の意見か，あとの**ア～オ**の中から最も適切なものを1つずつ選んで，記号で答えなさい。〈長野県〉

ノート

> **A** 温暖化対策に伴い石油消費量が減ると，経済的な損害を受ける。気候変動への取り組みが，化石燃料の輸出に大きく依存する発展途上国に与える影響を考慮してほしい。
>
> **B** 温暖化が進むと海面上昇で国土が浸水したり，生態系が破壊されたりしてしまう。さらなる温暖化対策について早急に検討してほしい。
>
> **C** 世界の二酸化炭素排出量の約2割は熱帯雨林の消失によるものである。森林の減少をくい止めることを排出削減として認めてほしい。
>
> **D** 現在世界第1位の二酸化炭素排出国となったが，国民一人あたりの排出量はさほど多くない。先進国は再生可能エネルギーの促進や発展途上国に対する技術・財政援助を行うなど，まだまだやるべきことはある。

ア アジア州・アフリカ州などにある石油を輸出する国々　　　**イ** 中国
ウ 南太平洋の島の国々　　**エ** アメリカ合衆国　　　　　　　**オ** 熱帯雨林がある国々

A ☐　　B ☐　　C ☐　　D ☐

2 健太さんは，一人あたりの国民総所得と一人あたりの二酸化炭素排出量との間には関係があるのではないかと考え，右の表を作成した。この表から読み取ることのできる，国民総所得と二酸化炭素排出量の関係について，簡潔に書きなさい。〈山梨県〉

国民総所得(2020年)と二酸化炭素排出量(2019年)

項目 国	一人あたりの国民総所得（ドル）	一人あたりの二酸化炭素排出量（t）
日 本	40 770	8.37
中 国	10 160	7.07
インド	1 910	1.69
ドイツ	47 186	7.75

（『世界国勢図会』2022/23年版より作成）

☐

3 香奈さんは，環境問題について調べていく中で，資料Iを見つけた。この取り組みによって，地球環境の保全に期待できる効果を，資料I，IIをもとに書きなさい。〈宮崎県〉

資料II　一人を1km運ぶ時に排出される二酸化炭素の量(2021年度)

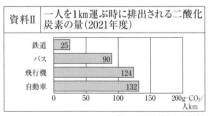

（「国土交通省資料」より作成）

資料I　ロンドンで行われているパーク・アンド・ライド

自宅から最寄りの駅まで自動車で行き，駅に近接した駐車場に駐車し，そこから公共交通機関に乗り換えて目的地まで行く方法。

（例）

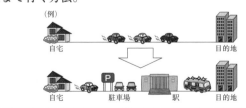

チャレンジ パーク・アンド・ライドでは，鉄道を利用していることから考える。

☐

選択肢が長文だとイライラする

ここに注目！で攻略

▶▶▶▶ 文を区切って○×をつけていく！

例題

図中に ▧ で示した地域について述べたものを，次の**ア～オ**の中から1つ選び，記号で答えなさい。　　　　〈岩手県〉

ア この地域には，世界のおよそ5分の1の人々が住んでいる。西部に比べ，東部の人口が多い。

イ この地域は，月平均気温は高めで一年間を通して変化が小さい。仏教とイスラム教を信仰する人が多い。

ウ この地域には，アルプス・ヒマラヤ造山帯に属する山々がつらなっている。イスラム教の聖地があり，毎年，巡礼（じゅんれい）に訪れる信者が多い。

エ この地域には，人口が1億人を超える国が3か国あり，その3か国が東西に並んでいる。イスラム教とヒンドゥー教を信仰する人が多い。

オ この地域は，一年を通して降水量が少なく，乾燥（かんそう）した気候が広がっている。すべての国が1990年代に独立し，国名に同じことばがつく国が多い。

こう考える

選択肢（せんたくし）を区切って，明らかに×のところだけ探し，×がついたら答えからはずしていく。

ア この地域には，世界のおよそ5分の1の人々が住んでいる。○／西部に比べ，東部の人口が多い。○

イ この地域は，月平均気温は高めで一年間を通して変化が小さ
気温の変化が大きい温帯も広がる。
い。×／仏教とイスラム教を信仰する人が多い。／
イスラム教を信仰する人は少なめ。

ウ この地域には，アルプス・ヒマラヤ造山帯に属する山々がつらなってい○る。／イスラム教の聖地があり，×毎年，巡礼に訪れる信者が多い。／
聖地があるのは西アジア。

エ この地域には，人口が1億人を超える国が3か国×あり，その
人口が1億人を超えるのは，日本と中国のみ。
3か国が東西に並んでいる。／イスラム教とヒンドゥー教×を
仏教を信仰する人が多い。
信仰する人が多い。／

オ この地域は，一年を通して降水量が少なく，乾燥した気候が広
温帯も広がり南部は多雨。
がって×いる。／すべての国が1990年代に独立×し，国名に
これは旧ソ連を構成していた中央アジアの国々。
同じことばがつく国が多い。／

わからない部分は飛ばしてしまえ。

次のステージ（選択肢）に進むニャー。

答え　ア

1 被選挙権の年齢について述べた正しい文を，次の**ア～エ**の中から1つ選んで，記号で答えなさい。

〈奈良県〉

ア 地方議会議員が25歳以上，市町村長および都道府県知事が30歳以上である。

イ 地方議会議員および市町村長が25歳以上，都道府県知事が30歳以上である。

ウ 都道府県知事および市町村長が25歳以上，地方議会議員が30歳以上である。

エ 市町村長が25歳以上，都道府県知事および地方議会議員が30歳以上である。

こう考える
ポイントごとに文を区切ってみよう。

2 次の**ア～エ**は，アメリカ合衆国，中国，フランス，マレーシアのいずれかの国の工業について述べたものである。アメリカ合衆国の工業について述べたものを**ア～エ**の中から1つ選んで，記号で答えなさい。

〈岩手県〉

ア 自動車などの機械工業やワインなどの食料品工業を中心に発達してきたが，それに加えて，国境をこえた技術協力のもとで航空機の製造が行われている。

イ 国内の豊富な地下資源をもとに，はじめは北部で工業が発展したが，1970年代からは，南部に新しく工業地帯が形成され，先端技術産業などが発展している。

ウ おもな輸出品は，すずや天然ゴムなどの地下資源や農産物だったが，1980年代からは，ルックイースト政策を実行して工業化をすすめた結果，機械類に変わった。

エ かつて，企業はすべて国営で，政府の指示によって工業生産していたが，1980年代からは，町や村が経営する郷鎮企業が発展し，近年では株式会社も登場するようになった。

3 グラフは，百姓一揆の発生件数を示したものである。グラフ中の，※印の時期に行われた幕府の政治改革および当時の学問または文化の様子を表した文章として適当なものを，次の**ア～エ**の中から1つ選んで，記号で答えなさい。〈鳥取県〉

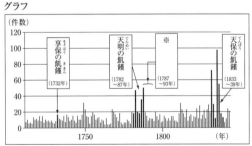

グラフ

（「百姓一揆総合年表」より作成）

ア 農民に対して年貢を重くする一方で藩には参勤交代をゆるめ，そのかわりに米を献上させた。また，洋書の輸入禁止をゆるめたので，洋書の研究がさかんになった。

イ 株仲間の営業権を認めて，かれらに税をおさめさせるとともに，蝦夷地を開拓し，そこの海産物をさかんに輸出した。また，杉田玄白らがオランダ語の人体解剖書を翻訳して，『解体新書』を出版した。

ウ 物価の上昇をおさえるため株仲間を解散させ，江戸・大阪周辺の大名・旗本領を幕府の領地にしようとした。また，葛飾北斎らの錦絵の風景版画が流行した。

エ 江戸などで出かせぎしている農民を村に帰らせるとともに，飢饉に備え，農村に倉をもうけて米をたくわえさせた。また，幕府の学校では，朱子学以外の儒教の教えを禁止した。

チャレンジ 松平定信による寛政の改革について問われている。

文章を書く問題がキライ

これだけ暗記！で攻略

▶▶▶▶ キーワードだけ使って文章っぽくしておく！

こう考える ▶ 文章を書くとなると一見難しそうだが，その問題の意図する**キーワード**が書けていれば点をもらえることが多い。ここではよくでる文章記述問題と，そのキーワードをおさえよう。

> キーワードさえ書けていれば，何点かくれるんじゃないかニャー。

<地理編>

問題	キーワード	解答例
工業化が進むと，都市人口の割合が増加し，農村人口の割合が減少するのはなぜか，所得の面から答えなさい。	移動 所得	農村部から都市部へ，より高い**所得**を求めて人口が**移動**するから。
ロンドンの気候が，緯度の高い割に暖かいのはなぜか，答えなさい。	暖流 偏西風	**偏西風**が**暖流**の上をふいて，暖かい空気を運ぶため。
近郊農業とはどのような農業か，答えなさい。	都市 出荷	人口が多い**都市**の近くで行われ，その都市向けに農産物を**出荷**する農業。
促成栽培を行う生産者の利点を答えなさい。	出荷時期 価格	**出荷時期**を早めて，高い**価格**で売ることができる。
遠洋漁業の漁獲高が1970年代に減少している理由を答えなさい。	200海里	各国が**200海里**以内を（排他的）経済水域として，自国以外の漁船の操業を制限したため。

<歴史編>

問題	キーワード	解答例
下剋上とはどのようなことか，答えなさい。	身分 実力	下の**身分**の者が，上の身分の者を**実力**で倒すこと。
江戸時代に大阪が天下の台所とよばれた理由を答えなさい。	蔵屋敷	大阪には諸藩の**蔵屋敷**が置かれ，各地から運び込まれた年貢米などが取り引きされたから。
関税自主権とはどのような権利のことか，答えなさい。	輸入品 関税	**輸入品**の**関税**を自主的に決定する権利。
明治政府が地租改正を実施した理由を答えなさい。	財政	**財政**収入を安定させるため。
戦後間もなく，日本の民主化政策の一つとして実施された農地改革の内容を答えなさい。	地主 小作人	**地主**の土地が，**小作人**に安く売り渡された。

問題	キーワード	解答例
憲法と法律や命令の関係を，簡潔に書きなさい。	効力	憲法に違反する法律や命令は効力をもたない。
権力分立（三権分立）制がとられている理由を答えなさい。	均衡 集中 抑制	立法，行政，司法の三権が互いに抑制しあい，権力の均衡を保つことで，一つの機関に権力が集中しないようにするため。
衆議院の優越がある理由を答えなさい。	国民の意思 解散	任期が短く解散がある衆議院は国民の意思がより反映されやすいと考えられているため。
景気が上向いていくときの経済の様子を簡潔に書きなさい。	消費 物価 生産	消費が増え，物価が上昇し，生産が拡大している。
日本銀行が行う金融政策では，景気が悪いときにはどのようにして景気安定を図るか答えなさい。	市場 資金量	国債や手形を買い取り，市場に出回る資金量を増やす。
累進課税のしくみを答えなさい。	所得	所得の高い人ほど税率が高くなる。
発展途上国が二酸化炭素の排出削減の義務化に反対している理由を答えなさい。	工業 二酸化炭素	先に工業が発達し多くの二酸化炭素を排出してきた先進国に，排出量を削減する義務があると考えているから。
環境アセスメントとは何か，答えなさい。	事前に	開発が環境に与える影響について事前に調査すること。

ココ は覚える 文章記述問題で注意すべきこと

文末表記に注意→原因・理由を聞かれている場合は「〜から。」「〜ため。」

字数制限に注意→字数はオーバーしないようにする。「50字程度」なら45〜55字程度で書く。

文章を書くとなるとキンチョーするけど，キーワードなら気がラク！

とりあえず書いてみよ〜

入試問題にチャレンジ

答え ➡ 別冊 P.30

1 ベルリンが青森市よりも高緯度に位置しているわりに，冬の気温が高いのはなぜか，その理由を書きなさい。　〈青森県〉

2 日米修好通商条約は，関税自主権を日本に認めないなど，日本にとって不平等な条約であった。関税自主権とはどのような権利か，「輸入品」「関税」の語句を用いて簡潔に書きなさい。　〈高知県〉

こう考える▶ 関税は輸入品にかけられる税のこと。

3 明治時代の税制改革について，右の資料をみて地租改正を実施した理由を，「財政」の語句を用いて簡潔に書きなさい。　〈富山県〉

資料　地租改正前後の比較

	改正前（江戸時代）	改正後
課税基準	収穫高	地価
税率	全国的（幕府・藩）に不統一	地価の3%（のちに2.5%）
納税法	米などで納める	現金で納める
納税者	年貢負担者	土地所有者

こう考える▶ 政府は財政を安定させたい。

4 内閣総理大臣の指名について，資料の場合に，内閣総理大臣となるのはA議員・B議員のどちらか，書きなさい。また，選んだ理由を「国民の意思」「優越」「解散」という語句を用いて簡潔に書きなさい。　〈富山県〉

資料　内閣総理大臣の指名について

衆議院	参議院
内閣総理大臣の指名	内閣総理大臣の指名
A議員	B議員

両院協議会を開催　意見が一致せず

こう考える▶ 優越が認められているのは衆議院。

5 日本国憲法は，国の最高法規である。憲法と法律や命令の関係を，「効力」の語句を用いて，「憲法に違反する」の書き出しに続けて簡潔に書きなさい。　〈福島県〉

憲法に違反する

6 右の図は，景気変動を模式的に表したものである。図中の●印で示した時期における経済の様子は，一般にどのようになっているか。「消費」「物価」「生産」の語句を用いて簡潔に書きなさい。　〈愛媛県〉

図　好景気／不景気

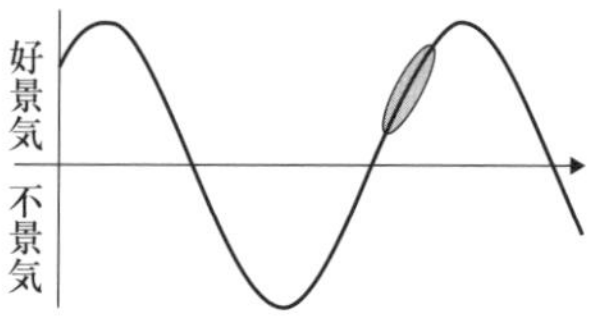

7 日本銀行が行う金融政策について，景気が悪いときには，国債や手形の売買を通じてどのようにして景気安定を図るか。「市場」と「資金量」の語句を用いて簡潔に書きなさい。　〈新潟県〉

8 日本では，国の政治組織を立法，行政，司法の三権に分ける権力分立（三権分立）制がとられている。現在，権力分立制がとられている理由を，「均衡」「集中」「抑制」の語句を用いて説明しなさい。　〈青森県〉

9 地球温暖化を防ぐためにはすべての国が二酸化炭素の排出量を削減する義務を負うべきだという意見に対して，発展途上国が反対している理由を，「工業」「二酸化炭素」の語句を用い，「発展途上国は，」に続けて簡潔に書きなさい。　〈愛媛県〉

発展途上国は，

10 ナイジェリアでは，独立後も内戦による民族の対立が続いていた。次の資料Ⅰは，独立以後の主なできごとをまとめたものである。資料Ⅱは，民族の主な居住地域や首都の位置を示したものである。内戦以前の首都はラゴスであったが，内戦後に2つの理由からアブジャへ首都を移転した。理由の1つは，以前の首都ラゴスの急激な人口増加による過密化の解消であったが，もう1つの理由は何か。資料Ⅰと資料Ⅱからわかることに触れて，簡潔に書きなさい。　〈岩手県〉

〈資料Ⅰ〉

西暦	主なできごと
1960 年	イギリスから独立した。
1967 年	民族間の対立（北部と南部）が表面化し，内戦が始まった。
1970 年	内戦が終わった。
1975 年	首都移転を決定した（1991 年に移転完了）。

〈資料Ⅱ〉

（外務省資料他より作成）

 内戦の原因や，新しい首都の位置から考える。

【出典の補足】
2013年埼玉県…p.26大問6問4(1)，p.49大問6問2，p.50大問4問4，p.54大問6問1，p.57大問4問4，p.67大問6問3
2011年埼玉県…p.28大問1問4

解　答・解　説

地理編

グラフがキライ
気候のグラフが全部一緒に見える
本冊 ➡ P.9

1 イ　**2** イ　**3** ア
4 記号　あ　　県名　鳥取県　**5** エ
6 エ
7 P－Z　Q－W　R－Y　S－X
8 A

解説

1 瀬戸内の気候の特徴をもつ高松市のグラフをさがすので，比較的降水量が少ないものに着目すると，**イ**と**エ**のグラフがあてはまる。2つのグラフを比べると，**イ**の方が一年を通して気温が高く，**エ**の方が一年を通して気温が低い。このことから正解は**イ**である。

2 富山市は日本海側の気候，すなわち冬の降水量が多いグラフになる。冬の降水量が多いのは**イ**と**エ**のグラフ。2つのグラフの気温を見てみると，**エ**は冬の平均気温が0℃を下回っていることから北海道の気候と考えられる。そのため正解は**イ**である。

3 問われているⓐの都市は，九州南部に位置していることから太平洋側の気候となる。太平洋側の気候は夏の降水量が多くなることから，正解は**ア**である。

4 グラフは冬の降水量が多く，冬の気温は氷点下になっていないことから日本海側の気候を示していることがわかる。地図中の**あ**の鳥取県の県庁所在地は鳥取市で日本海側，**い**の兵庫県の県庁所在地は神戸市で瀬戸内海側，**う**の香川県の県庁所在地は高松市で瀬戸内海側，**え**の高知県の県庁所在地は高知市で太平洋側にある。このことから正解の記号は**あ**，県名は鳥取県である。

5 **X**は日本海側の気候のため，冬の降水量が多い。**Y**は瀬戸内の気候のため，一年を通して降水量が少なく温暖。**Z**は太平洋側の気候のため，夏の降水量が多くなることから考える。

6 まず**イ**は日本と季節が逆になっていることから，あてはまらない。残った**ア**，**ウ**，**エ**のうち，東京は夏の降水量が多くなることから**エ**のグラフであるとわかる。

> **ポイント** 気温のグラフの山の形が日本と逆のものがあれば，南半球の都市のものだと覚えておくとよい。

7 **P**は降水量と気温が一年を通じてあまり変わらないこと以外に特徴があまりない。こういう場合は，特徴があるものから順に考える。**Q**は降水量がほとんどないことから乾燥帯の**W**のカイロ。**R**は7～8月の気温が下がっていることから南半球の都市で**Y**のケープタウン。**S**は冬の気温が0℃を下回ることから冷帯（亜寒帯）の**X**のヘルシンキ。**P**は残った**Z**のロンドンがあてはまる。

> **ポイント** わかりやすいものから先に考えていくことが大切。

8 メルボルンは温帯に属している。温帯は，降

水量が少なすぎず，多すぎず，また，気温も
温暖になる。都市Bは一年を通して降水量が
いちじるしく少ないことから乾燥帯の都市。
都市Cは冬の気温がいちじるしく低いことか
ら冷帯（亜寒帯）の都市。都市Dは降水量が
多く，一年中気温が高いことから熱帯の都
市。よって正解は都市Aである。

地図が読めない
赤道がどこを通っているの
かわからない

本冊 ➡ P.13

1 え　**2** ウ　**3** エ　**4** イ

解説

1 略地図A〜Dのあ〜えは大陸を通っている
が，赤道が通る大陸は，アフリカ大陸と南ア
メリカ大陸の2つしかない。このことから，
略地図中の**あ**と**え**のどちらかが赤道であるこ
とがわかる。さらに赤道はアフリカ大陸の
でっぱりのすぐ下，南アメリカ大陸の上のあ
たりのアマゾン川の河口あたりを通ることか
ら，正解は**え**である。

2 図1はアフリカ大陸
である。アフリカ大
陸で赤道が通るとこ
ろは，大陸のでっぱ
りのすぐ下であるギ
ニア湾あたりであ
る。また，図2は東・
東南アジアの一部で
あり，赤道はマレー
半島の南を通る。
よって，図1・図2
の**ウ**が，赤道を示し
ていることがわか
る。

図1

赤道

ギニア湾

図2

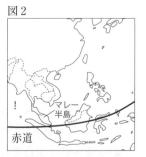

マレー半島

赤道

ポイント アフリカ大陸のでっぱりとマレー半島の
南，どちらかさえ覚えていればこの問題は解くこ
とができる。

3 まず赤道の位置を考える。赤道は，アフリカ
大陸のでっぱりのすぐ下を通るので，**e**があ
てはまる。選択肢で赤道が**e**なのは，**ウ**と
エであり，本初子午線は**a**か**c**のどちらか
であると考えられる。本初子午線は，イギリ
スのロンドンを通り，アフリカのギニア湾上
で赤道と交わることから，図をみるとヨー
ロッパ州を通っている**a**があてはまる。よっ
て正解は**エ**である。

4 地図の図法が例題と変わっているが，まず大
陸の位置を確認する。

南アメリカ大陸

アフリカ
大陸

マレー半島

赤道は，アフリカ大陸，マレー半島の南，南
アメリカ大陸を通ることから，この3つの条
件をすべて満たす線を選べばよい。**ア**はアフ
リカ大陸を通っているが，マレー半島の南や
南アメリカ大陸を通っていない。**ウ**はアフリ
カ大陸や南アメリカ大陸を通っているが，マ
レー半島の南ではなく，オーストラリア大陸
を通っている。**エ**は南アメリカ大陸しか通っ
ていない。よって正解は**イ**である。

地図の図法って難しそう

本冊 ➡ P.15

1 最も遠い都市　**ウ**
　　北東の都市　**イ**
2 **う**　**3** **エ**

解説

1 資料の地図は，中心からの距離と方位が正しい正距方位図法で描かれている。よって，東京と各都市を直線で結び，東京から最も遠い都市は，地図中の東京から最も遠い位置にある都市を選べばよい。したがって，地図中で東京から 15000km 以上離れているブエノスアイレスが，東京から最も遠い都市にあてはまる。

また，東京から見て北東方向に位置する都市を探すときは，地図を方位を表す図に見たてて考えてみる。

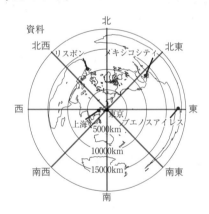

方位を表す図を載せると，北東方向にはメキシコシティがある。よって正解は**イ**である。

2 先に答えが限定されるヒントを見るとよい。「東京からの距離が 10,000km 以上」と「南半球にある都市」の説明のうち，南半球にある都市は**う**と**え**のみである。このうち東京からの距離が，10,000km 以上あるのはどちらかを調べるために，地図の下の部分（0 ———— 10,000km）に注目する。右下の部分より長い距離なのは，**う**の方である。よって，**う**があてはまる。

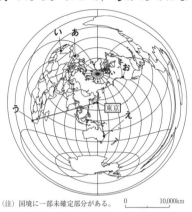

（注）国境に一部未確定部分がある。

0 ———— 10,000km

> **ポイント** 条件が多いときは，答えが限定しやすいものから考えると，わかりやすい。

3 2つの正距方位図法の地図があり混乱しそうだが，正しく表されているのは，それぞれの地図の中心からの距離と方位である。選択肢の文によって確認する地図を変えること。

アは，地図②を見ればよい。ロンドンから見て東京は，北北東の方位にあることから，この選択肢は誤りである。

イは，地図②を見ればよい。ケープタウンはロンドンから約 10000km の地点にあることから，この選択肢は誤りである。

ウは，地図①と地図②の両方を見ればよい。地図①を見ると，東京・ニューヨーク間の距離は 10000km 以上である。地図②を見ると，ロンドン・ニューヨーク間の距離は 10000km 以内である。よってこの選択肢は誤りである。

エは，地図②を見ればよい。ロンドンから真東に進むと，オーストラリア大陸にぶつかるので，この選択肢は正しい。

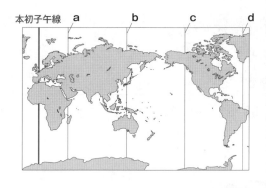

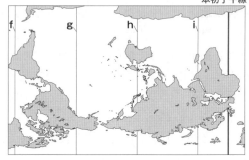

これをもう一度図１と図２の形に戻すと，東経135度は**b**，**h**があてはまる。

> **ポイント** 標準時子午線が経線，赤道が緯線だとわかれば，赤道はすぐわかる。

(2)図２の中心は南極点を示すことから，この模式図の範囲内に示される大陸は，オーストラリア大陸と南アメリカ大陸・アフリカ大陸のそれぞれ南部である。この地域はすべて南半球であるので，日本と季節が逆になっている。よって正解は**イ**である。

３ まず南極を中心とした地図を普通の地図に戻すと，**A**はオセアニア州，**B**はアフリカ州，**C**は南アメリカ州であることがわかる。**ア**〜**エ**国で**A**〜**C**の州に属するのは，**ウ**国のエジプトである。東経30度の経線が通っていることからも，エジプトであることが確認できる。

地図が読めない
南極から地図なんて
見たことないよ〜
本冊 ➡ P.17

１ Ⅳ
２ (1) 赤道 **e**　標準時子午線 **b**，**h**
　　(2) **イ**
３ 州 **B**　国 **ウ**

解説

１ このままの地図では本初子午線がどれなのかわかりにくいので，普通の地図にして考える。普通の地図にすると，南極から見える大陸は限られてくる。

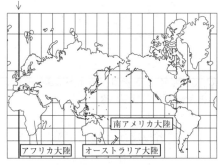

これをもう一度球状にすると，下のようになる。

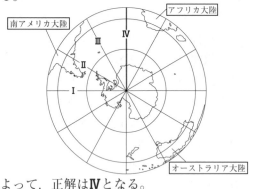

よって，正解は**Ⅳ**となる。

２ (1)日本の標準時子午線は，東経135度である。また赤道は緯線なので，経線のように北極点と南極点を通らない。よって赤道は**e**であり，ほかはすべて経線である。図１と図２で本初子午線が示されていることから，それぞれ普通の地図に戻して考える。

時差の計算がニガテ 本冊 ➡ P.20

1 ウ

2 12月31日午前7時

3 ① 12 ② 105

4 ウ

5 1月16日午前1時

解説

1 ロンドンと日本，ロンドンとジャマイカの位置を考える。日付変更線を基準に考えると日本が最も東に位置しており，ロンドン，ジャマイカの順になる。経度15度で1時間の時差が生じることから，ロンドンと日本の時差は135÷15＝9時間。日本の方がロンドンより東にあるため，9時間時刻を進める。ロンドンとジャマイカの時差は，75÷15＝5時間。ジャマイカの方がロンドンより西にあるため，5時間時刻を遅らせる。

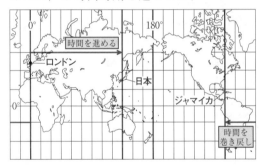

2 ニュージーランドのすぐ東（地図中右）に180度の経線が通っており，地図の経線が30度ごとに引かれていることから，**P**の経線は西経120度であるとわかる。また，日本の標準時子午線は，東経135度である。よって経度差は，135度＋120度＝255度。経度15度で1時間の時差が生じることから時差は255÷15＝17時間。日付変更線を基準に考えると，日本の方が東に位置しているため，17時間時刻を遅らせる。

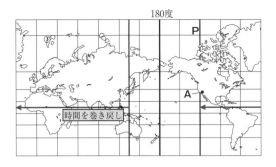

3 文章からジャカルタとニューヨークの間の時差は，12時間であることがわかる。経度15度で1時間の時差が生じるので，ジャカルタとニューヨークの間は，12時間×15度＝180度の経度差があることがわかる。世界地図でジャカルタとニューヨークがどの位置であるかを確認すると，下のようになる。

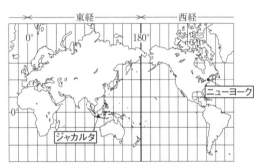

よって，本初子午線を境にして考えると，180（度）－75（度）＝105（度）なので，**X**は東経105度である。

4 時差6時間ということは，経度15度で1時間の時差が生じることから，**A**国と**D**国の首都の経度の差は，6時間×15度＝90度。
よって，経度差が90度となるところを探せばよい。経度の差は，東経，西経どうしの場合は経度を引き，東経と西経の場合は経度を足すことから，経度差が90度となるところは，西経75度＋東経15度＝90度である，**ウ**の**B**国と**C**国があてはまる。

5 まず問題の地図をペットボトルに巻いた状態をイメージして、どちらが朝が早く来るかを確認する。

上のように、朝が早く来るのは**Y**である。よって**X**よりも時刻は先に進んでいる。また30度ごとに緯線・経線が引かれていることから、**X**と**Y**の経度差は90度である。経度15度で1時間の時差が生じるため、90度÷15度＝6時間で、6時間が時差となる。よって、**X**が1月15日19時のとき、**Y**は1月16日午前1時である。

見分けがつかない
扇状地と三角州が まぎらわしい
本冊 ➡ P.23

1 扇状地　**2** イ

3 （例）川が山間部から平野部に流れ出るところ。

解説

1 山から平地に広がる扇形のところが扇状地。山に近く、⏚ が多く見えることから水はけがよい扇状地だとわかる。

---

2 扇状地は水はけがよいだけでなく、山から平地に出たところにできやすいため、日当たりもよくなっているところが多い。地形図から山に近いことや土地が果樹園に利用されていることを読み取る。

注　国土地理院発行2万5千分の1地形図「石和」により作成
（編集部注：実際の試験に使われた地形図を78％縮小）

3 写真から山の間から広がっている土地であることがわかる。山から流れてくる川の作用で扇状地が形成される。

計算がニガテ
縮尺の計算がニガテ
本冊 ➡ P.25

1 750(m)　**2** 1.8(km)

3 イ

解説

1 実際の距離を求めるときは、「縮尺の分母×地図上の長さ」の式にあてはまる数字を探す。「2万5千分の1」の地形図上で「3cm」と問題文中にあるので、25000×3＝75000cmとなる。問われている単位は「m」であるため、75000cm＝750mとなる。

2 「縮尺の分母×地図上の長さ」の式にあてはまる数字を探す。地形図の下に「1：50,000」とあるが、これは「5万分の1」ということを表している。「5万分の1」の地形図上で「36mm＝3.6cm」なので、50000×3.6＝180000cmとなる。問われている単位は「km」であるため、180000cm＝1800m＝1.8kmとなる。

3 「縮尺の分母×地図上の長さ」の式にあてはまるのは，地形図下の「25,000分の1」と文中の「1cm」である。25000×1＝25000cmであるが，問われているのは1辺が25000cm＝250mの正方形の面積である。正方形の面積は1辺の長さ×1辺の長さで求められるので，250×250＝62500m^{2}である。

1haが10,000m^{2}であることから，62500÷10000＝6.25haとなり最も近いのは**イ**の約6haとなる。

> **ポイント** 面積は単位が大きくなりやすいので，先に単位を合わせておくと計算ミスを減らすことができる。

グラフがキライ
グラフがめんどうくさい①
本冊 ➡ P.27

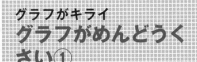

1 ウ **2** ウ **3** エ
4 ア **5** 米 ア 牛肉 ウ

解説

1アは，アルゼンチンが約3.5倍で5倍以上になっていないためこの選択肢は誤りである。チリは約6.5倍であるので正しい。

イは，1994年のアルゼンチンの輸出総額はチリの輸出総額の約1.4倍と，1.5倍はこえていないため，この選択肢は誤りである。ちなみに2020年のアルゼンチンの輸出総額はチリの輸出総額の1.5倍未満であるというのは正しい。

ウは，アルゼンチンの植物性油かすは，1994年は8.2％で2020年は13.8％と割合（わりあい）が増えており，また輸出総額も2020年の方が1994年より多い。肉類は1994年は5.8％なので約158億ドル×5.8％（0.058）＝約9億ドル，2020年は6.0％なので約549億ドル×6.0％（0.06）＝約32.9億ドルと大幅に増加している。よって，この選択肢は正しい。

エは，1994年は約40％，2020年は54％でどちらも4割をこえている。よって，この選択肢は誤りである。

2アグラフを縦にみると，カナダ以外は増加しているので，この選択肢は正しい。

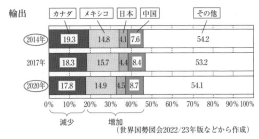

輸出

（世界国勢図会2022/23年版などから作成）

イ2020年の輸入に占めるカナダとメキシコの割合は25.5％で20％を上回っており，輸出に占める割合は32.7％で30％を上回っているため，この選択肢は正しい。

ウアメリカ合衆国の日本に対する貿易は，2014年は輸入が2兆3477億ドル×5.7％（0.057）＝約1338億ドル，輸出が1兆6205億ドル×4.1％（0.041）＝約664億ドルとなっており，輸入の方が多いため，この選択肢は誤りである。2017年は輸入が約1359億ドル，輸出が約680億ドルで輸入の方が多く，2020年も輸入が約1192億ドル，輸出が約644億ドルと輸入の方が多くなっている。

エ並べて見てみると，どの年も輸入額の方が多くなっているため，この選択肢は正しい。

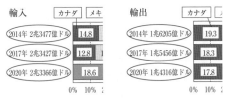

3金額について述べているときは表を見る，割合について述べているときはグラフを見る，と見るべきポイントをきちんと分けて考える。

ア中京（ちゅうきょう）工業地帯と京葉（けいよう）工業地域は，2019年の製造品出荷額等が最も多くなっていることから，この選択肢は誤りである。

イ製造品出荷額等の増加額が最も大きいのは中京工業地帯であることから，この選択肢は誤りである。

ウ京葉工業地域は，化学工業製品の出荷額が最も多いことから，この選択肢は誤りである。

エ2019年の中京工業地帯の金属工業の製造品出荷額等は，589千億円×9.5％（0.095）＝55.955千億円である。2019年の京葉工業地域の金属工業の製造品出荷額等は，125千億円×21.3％（0.213）＝26.625千億円である。よってこの選択肢は正しい。

4 ア 1985年の総人口は約510万人，世帯数は約160万世帯。2021年の総人口は約630万人，世帯数は約280万世帯。「総人口÷世帯数＝一世帯あたりの人数」は2021年の方が少ないことから，この選択肢は正しい。

イグラフを見て，総人口が増加しているのに対して，15歳未満人口は減少していることから，割合も減少しているとわかる。よってこの選択肢は誤りである。

ウ65歳以上人口は常に増加しているが，1995年を見てみると，65歳以上人口が15歳未満人口よりも少ない。よってこの選択肢は誤りである。

エ総人口が50万人以上増加するためには，左の目盛りの半分ずつ増えなければならないが，1995年以降はそこまで増加していない。また，世帯数はグラフ右の目盛りで1目盛りずつ増えなければならないが，こちらもそれほど増えていない。よってこの選択肢は誤りである。

> **ポイント** 1つのグラフに人口と世帯数が示されているので見にくいが，イ，ウは人口の数値のみを見れば解ける。

5 まず問題文で「米」と「牛肉」が問われていることを見つけたら，文章中でそれぞれが記述されているところを探す。「米は2020年度も依然として自給率90％以上」とある。グラフ中で2020年度に90％以上となっているものはアしかないことから判断できる。「牛

肉の自給率は，1960年度では90％以上であったが，2020年度では50％を下まわっている。」とあることから，グラフ中の1960年度を見ると90％以上なのは**ア・イ・ウ**。このうち2020年度に50％を下まわっているのは**ウ**のみということがわかる。

輸送用機械の割合が高いことがわかる。

1 A 　 **2** ア

3 記号 ア

（例）製造品出荷額は３つの工業地帯の中で最も大きく，種類別の製造品出荷額に占める輸送用機械の割合が高い。

解説

1 問われているのは「名古屋市を含む工業地帯」であることに注目。名古屋市を含む工業地帯は中京工業地帯なので，中京工業地帯のグラフを選べばよい。中京工業地帯は機械工業の割合が一番多いので，A〜Dのグラフを見ると，機械工業の割合が最も多いのは，Aのグラフである。したがって正解はAである。

2 瀬戸内工業地域は，化学工業がさかんである。このことをふまえて瀬戸内工業地域のグラフを見ると，P・Q・Rのうち，Qだけが全国よりも工業出荷額の割合が大きいことがわかる。よって，まずQは化学があてはまるので，正解はア・カのどちらかになる。残ったPとRのうち，割合が大きいPの方が機械であることから，正解はアである。

> **ポイント** 全国と比べて何が違うかをチェックするとわかりやすい。

3 Yの工業地帯は，愛知県が含まれることから，中京工業地帯である。中京工業地帯は，豊田市など自動車工業がさかんな都市があるため，輸送用機械やその他の機械の生産額が高いことから，グラフで輸送用機械とその他の機械の合計の割合が最も高いものを選ぶようにする。グラフから，輸送用機械とその他の機械の合計の割合が最も高いのは，アである。よってYの工業地帯のグラフはアがあてはまる。また，Yの工業地帯の特徴を製造品出荷額と種類別の内訳に着目すると，製造品出荷額が３つの工業地帯の中で最も多く，内訳は

1 ① 　 **2** C ⑥ F ⑤

3 う

4

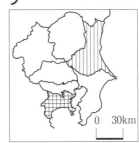

0 　 30km

5 ア

6 （例）東京には他の４つの県より，事業所や大学が多くあり，昼間に多くの人々が通勤，通学しているため。

7 大分県 B 　 宮崎県 D

8 記号 ウ

（例）第３次産業の就業人口の割合が高く，第１次産業の就業人口の割合が低い。

9 G

解説

1 X県は鹿児島県である。まず①〜④では，何の数字が高いかを確認する。①は畜産の生産額の割合が最も高い。②は野菜の生産額の割合と人口密度が最も高い。③は農業生産額が最も高く，畜産の生産額の割合も２番目に高い。④は農業生産額が最も低い。このことから，農業生産額が最も高い③は北海道である。また，畜産の生産額の割合が最も高い①は，畜産がさかんな鹿児島県である。よって，X県である鹿児島県は①があてはまる。残った②と④は，②の方が人口密度が高いので，群馬県があてはまる。④は島根県である。

2 略地図中の①〜⑥は，中部地方の県を示して

いる。まず**C**と**F**の数字を確認してみると，**C**は海面漁獲量がなく，**F**は海面漁獲量が最も多い。このことをふまえて他の県も確認すると，**A**は人口が最も少ない。**B**は人口と輸送用機械の出荷額が最も多い。**E**は海面漁獲量がない。このことから，**B**は④の愛知県であることがわかる。また，**C**と**E**はどちらも海面漁獲量がないので内陸県の③の岐阜県か⑥の山梨県のどちらかがあてはまる。ここで果実の産出額を見ると，**C**が最も高いことから，山梨県があてはまり，**E**は岐阜県となる。残った**A**・**D**・**F**を見ると，このなかで最も海面漁獲量が多い**F**は，漁獲量が日本有数の焼津港がある⑤の静岡県があてはまる。ちなみに，**D**は①の富山県，**A**は②の福井県があてはまる。

ポイント 選択肢の数が多くても，表の最も大きい数字と小さい数字に注目すると，解答のヒントが出てきやすい。

3 Ａは千葉県，Ｂは岐阜県，Ｃは大阪府である。昼夜間人口比率が高いところは，夜より昼の人口が多いことから，昼夜間人口比率が最も高い**え**は，都市部が集中しているＣの大阪府である。また**あ**は昼夜間人口比率の割合が最も低いので，東京に近い千葉県があてはまる。残った**い**と**う**を見ると，**う**は食料自給率が最も高いことから，稲作がさかんな秋田県，残る**い**がＢの岐阜県である。

4 表の各項目のうち最も数字が大きいところに注目する。農業産出額が最も高いのは**A**，次に**B**である。海面漁業漁獲量が最も多いのは**A**である。製造品出荷額等が最も高いのは**C**，小売業年間商品販売額が最も高いのは**D**である。まず小売業年間商品販売額が最も高い**D**は東京都。次に**C**は製造品出荷額等が最も高く，小売業年間商品販売額も高いことから，京浜工業地帯にふくまれ，横浜市などの都市がある神奈川県。残った**A**と**B**のうち，小売業年間商品販売額がより多く，製造品出荷額等もある**B**が，京葉工業地域がある千葉県，

海面漁業漁獲量がより多い**A**が，茨城県。

5 瀬戸内海に面していない県は，図中では高知県と鳥取県である。表から**A**〜**D**にあてはまるものは，高知県，鳥取県，広島県，兵庫県のいずれかである。数字を見ると，全年の降水量が**A**〜**D**のうち最も多い**A**が，太平洋側の気候に属する高知県。また，冬の降水量が多い**B**が，日本海側の気候に属する鳥取県。したがって正解は**ア**である。**C**は海面養殖業の漁獲量が多いことから，かきの養殖がさかんな広島県，残った**D**が兵庫県である。

6 東京が，他の4県と何が違うのかを確認する。表を見ると，事業所数と大学数が他の4県にくらべて圧倒的に多い。このことから，通勤や通学のために，昼に多くの人が東京にいることがわかる。

7 **A**〜**E**にあてはまるのは，福岡県，大分県，佐賀県，宮崎県，鹿児島県である。工業製造品出荷額を見ると，数字が最も高いのは，**E**である。これは，北九州工業地域がある福岡県があてはまる。次に**A**〜**D**のうち，野菜と畜産の生産額が高い**D**は，野菜の促成栽培や畜産がさかんな宮崎県である。また畜産の生産額が最も高い**C**は鹿児島県である。**A**と**B**では，工業製造品出荷額が**B**の方が高いことから，瀬戸内工業地域に近い大分県が**B**である。残った**A**が佐賀県である。

8 ①はイタリア，②はパキスタン，③はフィリピンである。表を見ると，穀物自給率が最も低く，人口が1.2億人であることから，ウが日本である。日本より人口が多いエはパキスタン。**ア**と**イ**を比べると，第1次産業の就業人口の割合が高い**イ**がフィリピン，日本に次いで，第3次産業の割合が高く，第1次産業の割合が低い**ア**がイタリアである。

ポイント 日本は穀物自給率が低いことを覚えていれば，すぐに正解がわかる。

9 まず文章がどの府県について述べたものかを

考える。文章中に「南部にリアス（式）海岸」「北部は中京工業地帯に属している。」とあることから，三重県について述べたものであることがわかる。これをふまえて表の数字を確認する。府県庁所在地の人口が最も多い**A**は大阪府。みかんの収穫量が最も多い**D**は和歌山県。府県庁所在地の人口と製造品出荷額等がどちらも２番目に多い**B**は兵庫県。**A**，**B**の次に人口が多い**C**は京都府。また，**E**と**F**は海面漁業漁獲量がまったくないことから，内陸県の奈良県か滋賀県のどちらかである。よって，**G**が三重県である。

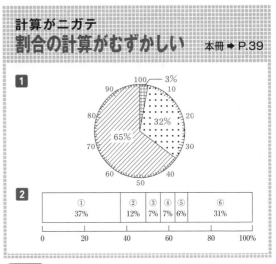

北海道地方の割合が高い。**Z**は**B**の中部地方や東北地方の割合が高い。よって，**X**は野菜の産出額，**Y**は畜産の産出額，**Z**は米の産出額のグラフを示している。

覚えられない
生産地を全部覚えるのは無理　本冊 ➡ P.37

1 ウ

2 ⓐ B　ⓘ C　ⓤ A

3 米 Z　畜産 Y

解説

1 米＝新潟県なので，新潟県の生産額が高いグラフを探す。グラフを見ると，新潟県の生産額が最も高いのは**ウ**なので，**ウ**が米の生産額を表したものである。

2 Aは北海道，Bは新潟県，Cは愛媛県，Dは千葉県なので，ⓐ～ⓤは北海道，新潟県，愛媛県のいずれかがあてはまる。表を見ると，農業総産出額が最も高く，畜産の割合が高いⓤは**A**の北海道があてはまる。米の割合が最も高いⓐは**B**の新潟県があてはまる。残ったⓘは果実の割合が高いので，みかんの栽培がさかんな**C**の愛媛県があてはまる。

> **ポイント** 農業総産出額が他県よりもとびぬけて高いものがあれば，北海道の確率が高い。

3 Aは中国・四国地方，Bは中部地方，Cは九州地方，Dは近畿地方，Eは関東地方である。**X**～**Z**のグラフで，それぞれどの地方のしめる割合が高いかを確認すると，**X**は**E**の関東地方の割合が最も高い。**Y**は**C**の九州地方や

計算がニガテ
割合の計算がむずかしい　本冊 ➡ P.39

解説

1 三重県の産業別就業者割合を計算する。第2次産業　29.4（万人）÷91.9（万人）×100＝約32％，第3次産業　59.6（万人）÷91.9（万人）×100＝約65％（小数第一位を四捨五入）。また，「全国のグラフにならって」とあるので，「32％」「65％」も忘れずに書きこむ。

2 グラフを書く前にまず書きこむべき割合を計算する。今回は①と②で，①は2,176（億円）÷5,814（億円）×100＝約37.4％（小数第一位を四捨五入），②671（億円）÷5,814（億円）×100＝約11.5％。グラフ中の37％あたりに線を引き，「① 37％」「② 12％」をそれぞれ書きこむ。

覚えられない
アルファベットが覚えられない　本冊 ➡ P.41

1 ウ

2 EU

3 番号 ①　国名 メキシコ
　　組織 ウ

1 アジア太平洋経済協力会議の略称なので，アジアの地域のまとまりを探す。選択肢を見ると，アジアの地域のまとまりということが想像できるAが頭文字のものは，**ウ**のAPECと**エ**のASEANである。**ウ**と**エ**のうち太平洋を示すPacificの頭文字のPが2文字目にあるのは，**ウ**である。**エ**のASEAN（東南アジア諸国連合）は，東南アジアの10か国が加盟する組織で，東アジアにある日本は加盟していない。**ア**のUNESCO（国連教育科学文化機関）は，国際連合の専門機関の1つで，教育や科学，文化の面での協力を通じて，世界平和を促進することを目的としており，世界遺産の決定や保護，識字教育の活動などを行っている。**イ**のNAFTAはかつて結んでいたアメリカ，カナダ，メキシコの3か国間の自由貿易協定。

2 問題文にグラフ中のⓐの組織のヒントがあるので，そこに注目して考える。「共通通貨の使用など，経済や政治の分野での統合をめざす」と「ドイツなどが加盟する」ことから，この地域統合は，共通通貨のユーロを導入しているヨーロッパ連合（EU）であることがわかる。

3 ①はメキシコ，②はアルゼンチン，③はインドネシア，④はフランス。輸出額の割合が大きい貿易相手国は，それぞれの国と密接なつながりがあると考えて，表中のa～dの国が①～④のどれにあてはまるかを見ていく。**a**はドイツ，イタリア，ベルギーのヨーロッパ州の国が上位をしめているので，同じヨーロッパ州に位置する④のフランスである。**b**はアメリカ合衆国やカナダが上位をしめているので，同じ北アメリカ州に位置する①のメキシコがあてはまる。**d**は南アメリカ州のブラジルが上位であるので，同じ南アメリカ州に位置する②のアルゼンチン。残った**c**は③のインドネシアである。
このうち，**b**にあたるメキシコが属する地域

的な経済協力の組織は，北アメリカ州のアメリカ合衆国，メキシコ，カナダの3か国間の自由貿易協定である，**ウ**のUSMCAである。**エ**のWTO（世界貿易機関）は，世界における自由貿易を促進することを目的としている国際機関である。

歴史編

覚えられない
昔のくらしって想像できなくて覚えにくい
本冊 ➡ P.43

1 イ→ア→ウ
2 カ **3** イ **4** イ

解説

1 ア「大陸から」「稲作が伝えられた」から，縄文時代後期～弥生時代。イ「縄目のような文様をつけた土器」は縄文土器のことなので，縄文時代。ウ「古墳」「埴輪」から古墳時代。古い順に縄文時代（イ）→縄文時代後期～弥生時代（ア）→古墳時代（ウ）となる。アの「大陸から渡来した人々」は「渡来人」のことで，古墳時代と飛鳥時代にも共通するキーワードなので注意が必要である。ウの埴輪には円筒のもの，人型のもの，馬や家をかたどったものなどがあり，古墳から多く出土している。

2 Ⅰは「大仙古墳（大山古墳）」から古墳時代，Ⅱは「卑弥呼」から弥生時代，Ⅲは「縄文土器」から縄文時代と判断できる。よって，Ⅲ－Ⅱ－Ⅰの順になる。なお，Ⅲにある「たて穴住居」は，縄文時代に始まり，奈良時代の庶民の住居にもみられるものなので，注意が必要である。

> **ポイント**「渡来人」や「たて穴住居」など，複数の時代にまたがる用語は無視して，他の内容から時代を特定するとよい。

3 Lさんのカードについて，「大王」から古墳時代だと判断する。ア「律令」「国司」から，奈良時代である。イ「奈良盆地と大阪南部を基盤とする」「統一した政権」は大和政権のことなので，古墳時代。ウ「各地に小国が分立していた」のは，弥生時代。エ「下剋上」「戦国大名」から，室町時代（または戦国時代）。よって，イが正解。Lさんのカードの「鉄

剣」が出土されたのは，埼玉県の稲荷山古墳で，鉄剣には「ワカタケル大王」と刻まれていた。写真とともに出題されることも多いので，教科書や資料集などで写真を確認しておくとよい。

4 ア「前方後円墳」から古墳時代。イ「稲作」と「小さな国々」から弥生時代。ウ「大宝律令が完成」と「律令国家のしくみが整った」から飛鳥時代後期から奈良時代。エ「聖徳太子」から飛鳥時代前期。ウについて，大宝律令の制定された年は701年で，飛鳥時代にあたり，この律令によって実際に律令政治が行われるのが奈良時代である点に注意する。

見分けがつかない
改革の見分けがつかない
本冊 ➡ P.45

1 エ
2 Ⅹ 松平定信 Ｙ 寛政
3 (1) 新田（の）開発 (2) 享保の改革

解説

1 アは寛政の改革で行われた棄捐令の説明。寛政の改革を行った人物は老中松平定信。イは天保の改革の説明。天保の改革を行った人物は老中水野忠邦。ウは享保の改革の説明。享保の改革を行った人物は8代将軍徳川吉宗。エは老中田沼意次の政策。したがって，正解はエである。「海産物」とは，乾燥したナマコなどで，当時「俵物」と呼ばれた。

2 「わいろがさかんになり，政治が乱れた」は，田沼意次の政策を指す。江戸時代の4つの改革のうち，「農民を故郷に帰す」政策は，寛政の改革と天保の改革で行われているが，18世紀なので，松平定信が行った寛政の改革だと判断する。当時江戸では産業がさかんになっていたため，地方から出稼ぎに来ている農民が多くいたが，幕府はそのせいで地方の年貢が減っていると考え，年貢を増やすために農民を地方に返す政策をとった。

3(1) 1600年ごろは江戸幕府が始まる直前の時期である。その後各藩，幕府は，領地の年貢を増やすために，耕地を開拓する新田開発を行った。1600年ごろと比較して，1720年ごろの耕地面積は約2倍になっている。

(2)「参勤交代をゆるめるかわりに米を献上させる」政策を上げ米の制といい，徳川吉宗の享保の改革で行われた。

覚えられない
幕末はこんがらがる
本冊 ➡ P.47

1 （例）政権を朝廷に返すこと。
2 a イ　b ア
3 （例）日米修好通商条約による開港をきっかけに，外国人が居住するようになったから。
4 （1）エ
　（2）（例）攘夷が難しいことをさとった長州藩は，坂本竜馬らのなかだちで，倒幕を目指して，薩摩藩と同盟を結んだ。

解説

1「大政」とは，全国を治める政治権力のこと。「奉還」とは，返上すること。江戸幕府は，形式上は徳川氏が朝廷から征夷大将軍に任命されて，全国の政治を朝廷から任されるという形をとっていた。

2 大政奉還ののち，朝廷が王政復古の大号令を出した。このとき，徳川慶喜が新政府への参加を認められないことが明らかになった。これをきっかけにして，戊辰戦争が，京都の鳥羽・伏見の戦いから始まった。
なお，**a**のア下関は，長州藩の砲台が四か国に占領された下関事件の場所であり，**b**のイ西南戦争は，鹿児島県で起きた，西郷隆盛を中心とする士族の反乱である。

---

3 下線部「和洋折衷住宅」「外国人墓地」「異人館」より，外国人が居住していたことがわかる。また，それぞれ「函館市」「横浜市」「神戸市」とあることから，これらがつくられたきっかけとなった条約は日米修好通商条約である。日米修好通商条約によって開港された港は，北から函館，新潟，神奈川（横浜），兵庫（神戸），長崎の5港である。なお，その前の日米和親条約で開港されたのは，函館と下田（伊豆）であった。

4(1) 日本と日米和親条約を結んだ人物はペリーである。したがって正解はエ。なお，日米修好通商条約を日本と結んだアメリカの日本総領事はハリスである。

(2) 薩摩藩と長州藩は朝廷との関係をめぐる争いで，仲が悪くなっていた。統一国家をつくろうとする共通点があったことから坂本竜（龍）馬らの説得によって，薩長同盟が実現された。

覚えられない
明治維新もこんがらがる 本冊 ➡ P.49

1 X 廃藩置県　　Y 学制
2 ウ
3 X イ　　Y a

解説

1 X「府知事や県令（知事）を派遣」とあることから，ここには廃藩置県があてはまることがわかる。年表の1867年「政権が朝廷に返される」は，大政奉還のことである。明治政府の政権となり，王政復古の大号令，五箇条の御誓文が出された時点では，地方の政治は，江戸時代に引き続き，大名が藩をおさめる形で行われていたため，中央集権は実現されていなかった。明治政府は中央集権化を進めるために，まず各藩が領地と人民を朝廷に返す版籍奉還を行い，その後に廃藩置県を行った。
Y「全国に小学校がつくられることとなった」とあることから，ここには学制があてはまることがわかる。学制は，日本で初めての学校制度である。6歳以上の男女が小学校で教育を受けることが定められ，各地に小学校が建設された。しかし，当時子どもは家の中で重要な働き手であったため，子どもを学校に通わせないことも多くあった。このため，就学率（学校に通うことが定められた児童のうち，実際に学校へ通う児童の割合）は，当初低かったが，徐々に増加した。

2 地租改正は，明治政府が財源を安定させるために行った税制改革である。全国の土地を調べて，土地の所有者，面積，地価，税率と税額が記された地券を発行した。税金は現金で納めることが定められ，税率は当初地価の3％とされた。したがって正解はウである。しかし，政府が江戸時代の年貢から収入を減らさない方針をとったので，地租改正反対一揆が各地で起こり，一揆をおさえるために軍隊も出動した。政府は4年後に税率を2.5％に引き下げた。

3 X 江戸時代は，地方の政治は各藩に任されており，幕府は直轄地以外では直接政治を行ってはいなかった。全国で同じ政策を行うためには，明治政府は日本全国を中央集権化する必要があった。したがって正解はイである。
Y 中央集権化のために行われたのが，版籍奉還と廃藩置県であった。版籍奉還は，各藩が自主的に領地（版図）と領民（戸籍）を返上するという体裁をとるために，藩閥の各藩がまず宣言し，他の藩がそれに追随することで進められた。廃藩置県当時の府県の長官は，府知事，県令といい，明治政府が派遣した中央の役人であった。したがって正解はaである。

覚えられない
第二次世界大戦後をかんたんに覚えたい 本冊 ➡ P.51

1 4　**2** エ　**3** イ・ウ（順不同）
4 石油危機（オイルショック）　**5** ア

解説

1 1 教育基本法（1947年），2 労働組合法（1945年），3 農地改革（1946年～）と，戦後の民主化政策は，第二次世界大戦後4年ほどの間に行われている。4 日本の国際連合加盟は，ソ連との国交が回復した（日ソ共同宣言）1956年のあとである。したがって4はあの時期にあてはまらない。

2 アの世界恐慌（1929年）は，第一次世界大戦後に，イの秩父事件（1884年）は，内閣制度発足の前年に，ウの米騒動（1918年）はロシア革命の翌年にそれぞれおこった。エの高度経済成長は1955年～1973年の間で，工業などの第二次産業，商業などの第三次産業が成長し，多くの人々が三大都市圏や地方中枢都市に移動したために，農村では過疎化が進んだ。したがって正解はエである。

3 **ア**のバブル経済は，1980年代末から1991年のこと。**イ**の東京オリンピックは1964年，名神高速道路は翌1965年に開通。**ウ**の公害対策基本法は1967年，**エ**のサッカーのワールドカップ開催は2002年。したがって正解は**イ・ウ**である。高度経済成長期は，産業が発達し，東海道新幹線や東名・名神高速道路など，基幹的な交通機関が建造された。また，経済の成長を急ぐあまり産業廃棄物の処理などがおろそかになり，公害病が発生した。

4 高度経済成長は，1973年の石油危機をきっかけに終わった。

5 **ア**の日本国憲法の公布は1946年，**イ**の東京オリンピックは1964年，**ウ**の国際連合加盟は1956年，**エ**の国家総動員法は日中戦争開戦（1937年）の翌年である。したがって正解は**ア**である。

覚えられない
中国・朝鮮は漢字ばっかり〜　本冊 ➡ P.53

| **1** | エ | **2** | エ | **3** | ウ | **4** | ウ | **5** | エ |

解説

1 小野妹子は，聖徳太子が摂政として政治を行っていた飛鳥時代前期に，遣隋使として隋に派遣された。したがって正解は**エ**である。聖徳太子は，隋に対して，対等な関係を求める国書を送り，隋の皇帝はこれに腹をたてたとされている。

2 卑弥呼の治める邪馬台国について書かれた中国の歴史書は『魏志倭人伝』。当時の中国は「魏」である。したがって正解は**エ**である。239年に卑弥呼が魏の皇帝に使いを送り，皇帝から「親魏倭王」の称号と金印，銅鏡などが授けられたことが書かれているが，この時の金印は見つかっていない。なお，志賀島（福岡県）で発見された「漢倭（委）奴国王」と刻まれた金印は，『後漢書』東夷伝に記録の

ある金印だとみられている。

3 大宝律令は8世紀はじめ（701年）に，唐の律令にならってつくられた。したがって正解は**ウ**である。

4 最澄が天台宗を伝えたのは平安時代。このころ中国は唐とよばれていた。**ア**は鎌倉時代の元寇（文永の役：1274年，弘安の役：1281年）のこと。**イ**は飛鳥時代のこと。**ウ**は飛鳥時代中ごろから平安時代前半のこと。**エ**は室町時代のこと。したがって正解は**ウ**である。

ポイント 選択肢の文の中で，中国の国名だけチェックすれば，正解はすぐにわかる。

5 **ア**は平安時代末期，平清盛が行った日宋貿易の説明。**イ**は室町時代，足利義満が行った日明（勘合）貿易の説明。**ウ**は飛鳥時代，聖徳太子による外交の説明。**エ**は弥生時代，卑弥呼による外交の説明。したがって，正解は**エ**である。

見分けがつかない
○○文化はたくさんあって大変！

本冊 ➡ P.55

1 ア・エ（順不同）
2 (1) 足利義政（あしかがよしまさ） (2) **4**
3 エ **4** カ

解説

1 化政文化（かせい）は，多色刷りの浮世絵（うきよえ）の錦絵（にしきえ）が流行した時代で，葛飾北斎（かつしかほくさい），喜多川歌麿（きたがわうたまろ），歌川（安藤）広重（あんどう ひろしげ）らが活躍した。また，風刺や皮肉が好まれ，十返舎一九（じっぺんしゃいっく）のこっけい本『東海道中膝栗毛（とうかいどうちゅうひざくりげ）』などが生まれた。したがって正解は，**ア・エ**。**イ**の松尾芭蕉（まつおばしょう）と**ウ**の近松門左衛門（ちかまつもんざえもん）は，元禄文化（げんろく）。

2 (1)応仁の乱（おうにん）の時の将軍は，室町幕府（むろまち）8代将軍足利義政（あしかがよしまさ）。
(2)「慈照寺銀閣（じしょうじぎんかく）」とあることから東山文化（ひがしやま）のことであるとわかる。東山文化は，武家をにない手とし，気品があって簡素な文化が発達した。書院造（しょいんづくり）は東山文化を代表する特徴の一つである。したがって正解は**4**である。**1**の浮世絵は江戸時代の文化。**2**の正倉院（しょうそういん）は天平文化（てんぴょう）。**3**の仮名文字（かなもじ）は国風文化。

3 **ア**は「公家文化（くげ）と武家文化がとけあった様式」から北山文化（きたやま）の説明。**イ**は「日本の風土や生活にあった」から国風文化の説明。**ウ**は「浄土宗（じょうどしゅう）や浄土真宗（じょうどしんしゅう）」から鎌倉文化（かまくら）の説明。**エ**は「南北朝時代（なんぼくちょう）の中国や西アジア」から飛鳥文化（あすか）の説明。したがって正解は**エ**である。

4 ①鑑真（がんじん）は奈良時代（なら）に唐（とう）から日本にわたってきた僧。②パン・カステラなどはポルトガル語を由来とする外来語で，南蛮貿易（なんばん）が行われたのは室町時代後半から。③ラジオ放送が始まったのは，大正時代（たいしょう）。したがって正解は**カ**である。

見分けがつかない
条約はごっちゃになる

本冊 ➡ P.57

1 2
2 a **イ**　　b 領事裁判権（治外法権）（りょうじさいばんけん ちがいほうけん）
3 1
4 都市名 サンフランシスコ　記号 **エ**

解説

1 問題の資料の「台湾（たいわん）…を日本に」「賠償金（ばいしょうきん）」から，日清戦争（にっしん）の講和条約である下関条約（しものせき）のことだとわかる。この条約に対して遼東半島（りょうとう）の返還についての勧告を三国干渉（さんごくかんしょう）といい，中国に権益があるドイツ，ロシア，フランスによってなされた。

2 1896年よりも前のできごとであることに注意する。当時ロシアとの利害関係が強かったのはイギリスであった。不平等条約については，まず日清戦争直前（1894年）に領事裁判権（治外法権）が撤廃され，日露戦争の7年後（1911年）に関税自主権を回復した。

> **ポイント** 条約改正は，「撤廃」（やそれに類する言葉）につながれば「領事裁判権」，「回復」（やそれに類する言葉）につながれば「関税自主権」，と覚えておくとよい。

3 **1**は日露戦争の講和内容（ポーツマス条約），**2**は日清戦争の講和内容（下関条約），**3**は明治初期（めいじ）のロシアとの樺太・千島交換条約（からふと ちしまこうかん）（1875年），**4**は幕末（ばくまつ）の日米和親条約（にちべいわしん）である。したがって正解は**1**である。

4 「1951年」「48か国との間に平和条約を締結」とあることから，サンフランシスコ講和会議（こうわ）の説明であることがわかる。**ア**の日ソ共同宣言（どうせんげん）は1956年。これによって日本は国際連合（こくさいれんごう）への加盟も承認された。**イ**は日中共同声明のことで，**ウ**の沖縄返還と同年の1972年である。したがって正解は**エ**である。日本は，サンフランシスコ平和条約の締結と同時にア

17

メリカと日米安全保障条約を結んだ。

覚えられない
世界の歴史まで手がまわらない　本冊 ➡ P.59

1 ウ→ア→イ　**2** エ
3 イ　**4** ア

解説

1 **ア**の宗教改革は 16 世紀はじめ，**イ**のアメリカ独立は 18 世紀後半，**ウ**の西インド諸島到達は 15 世紀末のできごとである。その後，イギリスからアメリカにピューリタン（清教徒）というプロテスタントのキリスト教徒が移住する。大陸発見→宗教改革→プロテスタントの移住という流れをおさえておく。

2 **ア**は 16 世紀はじめ，**イ**は 18 世紀後半，**ウ**は第一次世界大戦後の 20 世紀はじめ，**エ**は 19 世紀前半のできごとである。年表中 **A** の期間での日本最大のできごとは，1853 年のペリー来航と翌年の開国である。開国をしたとき，江戸幕府は清がアヘン戦争でイギリスに敗れて植民地化されたことを知っており，欧米の国々に強硬な姿勢を通すことが難しいと理解していたことから考えれば，**エ**が正解であるとわかる。

3 **ア**は 19 世紀前半，**イ**は 16 世紀，**ウ**と**エ**は 18 世紀のできごとである。室町時代は 14 世紀から 16 世紀後半までなので，**イ**が正解である。室町時代末期に日本に鉄砲が伝わった背景として，スペインやポルトガルが新航路を利用してアジアとの貿易をさかんに行うようになっていたことを覚えておくとよい。

> **ポイント** 大航海時代＝室町時代と覚えておくとよい。

---

4 **ア**は 16 世紀，**イ**と**エ**は 17 世紀，**ウ**は 18 世紀のできごとなので，**ア**が正解である。問題文に「安土桃山時代より前におこったもの」とあるので，その点からも大航海時代におこなわれた宗教改革があてはまることがわかる。
ヨーロッパでグーテンベルクの活版印刷によって最初に印刷されたのは聖書であった。それまでは，一部の特権的な人々だけに読むことが許されていた聖書が印刷されるようになったことは，宗教改革に大きな影響をあたえた。

見分けがつかない
ならべかえ問題がむずかしい…　本冊 ➡ P.61

1 イ→エ→ウ→ア
2 エ→ウ→ア→イ
3 エ→イ→ア→ウ
4 ウ→イ→ア

解説

1 卑弥呼の時代は弥生時代，遣唐使の停止は平安時代。**ア**桓武天皇は平安時代，**イ**倭王武は古墳時代，**ウ**聖武天皇は奈良時代，**エ**聖徳太子は飛鳥時代の人物。**イ**の「中国の南朝」について，日本の室町時代初期の「南北朝」とまちがえないように注意する。

2 **ア**は室町時代末期（1549 年），**イ**は室町時代の最後（1573 年），**ウ**は室町時代の直前（1334 年），**エ**は鎌倉時代の初め（1192 年）。この問題の年表を見ると，源義仲，佐々成政という見慣れない名前が出てくるが，問題文をよく読めば，こうした人物についての知識がなくても問題が解ける。

3 **ア**は鎌倉時代の初め，**イ**は平安時代の末期，**ウ**は鎌倉時代中期（1232 年），**エ**は平安時代の初め（797 年）。この問題の場合，問題の最初におかれている A，B のカードで，ならべかえるためのヒントになるのは「時代」だ

けだということが，設問文と選択肢からわかる。

4 **ア**は室町幕府3代将軍足利義満のとき，1392年に南北朝が統一された。**イ**は室町時代の初め，**ウ**は鎌倉幕府滅亡の直後である。後醍醐天皇とそれを支持する足利尊氏らが鎌倉幕府を滅ぼし，後醍醐天皇は建武の新政を始めたが，公家中心の政治に武士たちが不満をもち，足利尊氏は別の皇族を天皇に立て，後醍醐天皇は吉野にのがれた。その後尊氏は征夷大将軍となり南北朝時代は複雑に感じるが，この流れをおさえておけばよい。

ポイント 南北朝をめぐる動き	
1333年	鎌倉幕府滅亡
1334年	建武の新政
1336年	後醍醐天皇が吉野に逃れる （南北朝時代開始）
1338年	足利尊氏が室町幕府を開く
1392年	南朝と北朝が統一される

資料が出てくる問題ってキライ
写真があると解きたくない 本冊 ➡ P.63

1	勘合貿易
2	Ⅰ　朱印状　　Ⅱ　日本町
3	（例）借金を帳消し
4	(1) 地券
	(2) （例）各地で地租改正に反対する一揆がおきたため，それまで3％だった税率が1877年から2.5％になった。

解説

1 文字が中央で半分ずつに切られた文書は，室町時代，足利義満が行っていた勘合貿易（日明貿易）で使われた勘合である。当時，倭寇という海賊が東シナ海沿岸を荒らしていた。正式の貿易船だということを証明するために，幕府の許可を受けた貿易船は勘合を持っていた。

2 朱印船貿易に関する説明は，この設問文のとおりである。海外へ渡る貿易船に家康が交付した許可証が朱印状であり，朱印状を持った船を朱印船，それによる貿易を朱印船貿易といった。ヒントとしてシャムの国王に重用された山田長政などが出てくることもある。江戸時代の貿易というと，鎖国や長崎貿易のことに気をとられがちだが，朱印船貿易も重要事項であるので，きちんとおさえておく必要がある。

3 奈良市にある土一揆に関する碑文といえば，室町時代の正長の土一揆（1428年）の碑文である。一揆の結果，借金の帳消し（徳政）の宣言が碑文に記録されている。この碑文を示して一揆の名称を問うこともあるので，覚えておく。室町時代は「民衆の時代」ともよばれ，土一揆，国一揆，一向一揆などの一揆が多く起きたほか，農村では惣という自治組織ができ，京都や堺などの都市では富裕な商工業者による自治が行われた。

4 明治初期の地租改正について，地券の写真を用いて問われることが多い。明治政府が財源を確保するために行った税制改革が地租改正である。しかし，地価の３％というのは，江戸時代とかわらず重い負担であったため，地租改正に反対する一揆が日本全国でおき，税率は2.5％まで下がった。

きる。港として重要なのは，日米修好通商条約の開港地５港（函館，新潟，横浜，神戸，長崎），日米和親条約の開港地２港（函館，下田），江戸時代の長崎。

ポイント すべてがわからなくても，「日宋貿易」「日明貿易」「日米修好通商条約」のいずれかにピンとくればよい。

資料が出てくる問題ってキライ
昔の地名はむずかしい 本冊→P.65

1 ⓘ **2** ウ
3 都市名 神戸 位置 C

解説

1 カードの「幕府」「北条氏」から鎌倉（神奈川県）だと判断する。都や幕府の位置は，入試で問われることが多いので，地図で位置を確認しておくことが重要である。ⓐの東京は江戸幕府や明治政府，ⓤの京都は平安時代以降の朝廷や室町幕府，ⓔの奈良は奈良時代の朝廷，ⓞの福岡は，大宰府などに関連して問われる。

2 写真の人物の坂本竜馬（龍馬）が仲立ちして結ばれた同盟は薩長同盟なので，２つの藩は薩摩藩（鹿児島県）と長州藩（山口県）である。これらの藩では，開国後，尊王攘夷運動がさかんになり，積極的に攘夷を行った。しかし薩摩藩はイギリスと薩英戦争を行って敗れ，長州藩は外国船を攻撃した下関の砲台を四か国の連合軍に占拠された（下関砲撃事件）。こうした経験から，攘夷が不可能だと理解した両藩は倒幕の準備を始め，倒幕という共通する目的を達成するために薩長同盟が結ばれた。

3 カードにある「平清盛」による中国との貿易（日宋貿易）と「日明貿易」でともに利用された港は神戸港である。「その後，日米修好通商条約によって開港地となり…」とあることからも，神戸港が正解であることが確認で

歴史でグラフが出たらどうする！？

本冊 ➡ P.67

1 農地改革

2 （例）女性に選挙権が認められた。
（例）女性に選挙権が認められ，選挙権が認められる年齢が25歳から20歳に引き下げられた。

3 イ・エ（順不同）

解説

1 第二次世界大戦後，ＧＨＱの占領下で，農業の民主化のため政府が地主から土地を買い上げ，小作人に安く売り渡す農地改革が行われた。グラフは，自作農が大きく増えていることから，農地改革の実施前と実施後のグラフであるとわかる。

2 第二次世界大戦後，女性が政治参加できるようにするため，それまでは，男性のみに普通選挙が認められていたが，男女に普通選挙が認められるようになった。また，選挙権が認められる年齢が25歳から20歳に引き下げられた。

3 グラフ中の◀─▶を見ると，高度経済成長期は1950年代半ばから1973年までの時期であることがわかる。高度経済成長と関係のある選択肢を選べばよい。「白黒テレビ」「カラーテレビ」「東海道新幹線」という言葉から，イ・エが正解であることがわかる。アは大正時代，ウは1980年代末から，オは明治時代のできごとである。

資料文って全部読まなくちゃいけないの？

本冊 ➡ P.69

1 ア・エ（順不同）　**2** 3　**3** ウ

解説

1 下線部を見ると，身分制度がテーマの文章であることがわかる。また，「幕府による支配が約260年続いた」という文に注目すると，江戸時代の社会のようすについて問われていることがわかる。以上の点さえわかればこの問題は解くことができ，他のところは読む必要はない。江戸時代は百姓が人口のほとんどをしめていたため**イ**は誤り，また分割相続は鎌倉時代におこなわれていたため，**ウ**は誤りである。したがって正解は**ア・エ**である。

> **ポイント** 下線部だけ読んで問題の意図がくみとれないときは，「時代」に結びつくようなキーワードを探すとよい。

2 問題文を読むと，聖徳太子の活躍した時代を問う問題であることがわかる。カードは法隆寺の説明で，問題とは直接関わりがないことを判断する。**1**は古墳時代，**2**は弥生時代，**3**は飛鳥時代，**4**は平安時代，したがって正解は**3**である。

3 問題文から「岩倉使節団が欧米を訪問したころ」を問う問題とわかり，資料は問題を解く上で読む必要がないことを判断する。**ア**は1894年の外相陸奥宗光のころ，**イ**は1925年，**ウ**は1873年，**エ**は1936年の説明である。国内では，朝鮮をめぐり武力で開国をせまる征韓論が高まっていたが，1873年に帰国した岩倉使節団の岩倉具視や大久保利通らが，使節を派遣することに反対し，征韓論はしりぞけられた。したがって正解は**ウ**である。

見分けがつかない
国会と内閣は何がちがうの？ 本冊➡P.71

1 ア
2 (1) ウ (2) ア (3) 弾劾(だんがい)
3 イ
4 (例) 衆議院(しゅうぎいん)は解散制度をもち，国民の意思をより反映できるため。

解説

1 国会はものごとを決めるところ，内閣(ないかく)は決まったことに合わせて実際に行動するところ。条約については，条約を締結する（結ぶ）のが内閣，その締結した条約が問題ないかどうかを判断して，承認するのが国会である。このことから正解は**ア**である。

2 (1)国会と内閣の関係は，議院内閣制になっている。国会が内閣総理大臣を指名し，内閣は国会の信任を受けて成立する。そのため **X** にあてはまるのは**ウ**である。
(2)**ア**衆議院(しゅうぎいん)と参議院(さんぎいん)からなる国会は，国会議員で組織されている。したがって**ア**は正しい。
イ衆議院は参議院より議員数が多く，任期が短く解散もあるため，衆議院の優越が認められている。したがって**イ**は誤りである。
ウ国政調査権は，衆議院・参議院ともに同等に認められている権利である。したがって**ウ**は誤りである。
エ憲法(けんぽう)改正の発議には，衆議院・参議院それぞれの総議員の3分の2以上の賛成が必要である。したがって**エ**は誤りである。

ポイント 「過半数」など，数字に関係する文章が出てきたら注意しよう。

(3)国会では裁判官をやめさせるかどうか決めるための弾劾裁判が開かれる。

3 国会と内閣は，議院内閣制で成り立っている。衆議院で内閣不信任の決議が行われると，内閣は10日以内に衆議院を解散するか，総辞職をしなければならない。衆議院の解散の場合も，総選挙後に開かれる国会（特別会）で，いったん内閣は総辞職して，新しい内閣総理大臣が指名される。

ポイント 内閣不信任の決議が行われる→10日以内に衆議院を解散するか総辞職する→40日以内に総選挙。

4 衆議院は参議院より任期が短く解散があるため，国民の意見が反映されやすいと考えられることから，法律案の議決，予算の議決，条約の承認(しょうにん)，内閣総理大臣の指名，内閣不信任決議，予算の先議において，衆議院の優越が認められている。

見分けがつかない
刑事裁判と民事裁判の見分けがつかない

本冊 ➡ P.73

1 裁判の種類　民事裁判
理由　（例）原告席（被告席）が図中に表されているから。（検察官席〈被告人席〉が図中に表されていないから。）

2 カ　**3** オ

解説

1 検察官がいると刑事裁判，原告や被告がいると民事裁判である。図を見ると左に原告，右に被告の席があることから民事裁判の様子を表していることがわかる。

2 裁判員制度は，2009 年から始まった，重大な刑事事件の裁判の第一審に国民が参加する制度。国民の視点を裁判に反映し，司法を身近に感じてもらうために行われ，司法制度改革の一環として導入された。

3 写真中に裁判員がいることから，刑事事件の第一審の様子を表していることがわかる。裁判は三審制で，第一審から第二審へと訴えることは控訴，第二審から第三審へ訴えることは上告という。刑事裁判では，第二審は高等裁判所，第三審は最高裁判所となる。

ポイント 裁判員がいた場合，その裁判は必ず刑事裁判で第一審である。

計算がニガテ
選挙のドント式って何？

本冊 ➡ P.75

1 （1）**X**班　3（議席）　**Y**班　2（議席）
（2）**あ　ウ　い**（例）少数の意見

2 **ア**

解説

1 (1)模擬選挙は議席を得票数÷整数で配分しているため，ドント式で行っているということがわかる。割り算をした結果が表に書かれているため，商が多いところから順番に順位をふっていく。今回は定数が6人のため，6位まで順位をふる。順位のまちがいがないか3位あたりで一度確認を行うとよい。

表　模擬選挙の結果（定数6人）

		X班	**Y**班	**Z**班
得票数		15	9	6
配分方法	得票数÷1	15.0 1位	9.0 2位	6.0 4位
	〃 ÷2	7.5 3位	4.5 6位	3.0
	〃 ÷3	5.0 5位	3.0	2.0
	〃 ÷4	3.75	2.25	1.5
議席配分数		3	2	1

その上で，**X**班，**Y**班のそれぞれに6位以上が何人いるのかを数える。

(2)ドント式が採用されているのは比例代表制。比例代表制は，得票数に応じて議席が配分されるため，少数意見が反映されやすい。

2 比例代表選挙のため，**A**党〜**D**党の獲得票数を整数で割る表で考える。

政党	**A**党	**B**党	**C**党	**D**党
獲得票数	12,000	7,200	4,800	1,800
〃 ÷1	12,000 1位	7,200 2位	4,800 4位	1,800
〃 ÷2	6,000 3位	3,600 6位	2,400	900
〃 ÷3	4,000 5位	2,400	1,600	600
〃 ÷4	3,000 7位	1,800	1,200	450

23

「一票の価値」って何をすればいいの？

本冊 ➡ P.77

1 (1) 選挙区　衆議院
　理由　（例）小選挙区だから。（各選挙区の定数が1になっているから。）
　(2) 2.0（倍）

2 （例）議員1人あたりの有権者数に差があり，1票の重みの格差が大きい点。

3 （例）1票の格差を小さくするため。

解説

1(1)衆議院議員選挙は小選挙区比例代表並立制で行われ，参議院議員選挙は選挙区制と全国を1つの単位とした比例代表制で行われている。表は，1選挙区から1人が当選する小選挙区制のため，衆議院議員選挙であるとわかる。
(2)定数はいずれも1。有権者数が最も多い選挙区は北海道2区，最も少ない選挙区は鳥取1区。461188÷229371＝約2.0で，一票の格差は2.0倍となる。

21人一票の平等選挙の原則がある中，選挙区ごとに有権者数がちがい，当選に必要な有権者数に差が生じており，一票の格差が問題となっている。一票の価値は，福井県は $\dfrac{1}{約64万}$，神奈川県は $\dfrac{4}{約770万}＝\dfrac{1}{約192.5万}$。神奈川県は定数が多いが，有権者数も多いため，一票の価値としては福井県に比べると低くなっている。

3宮城県・新潟県・兵庫県は改正前の議員定数はどこも4人であったが，有権者数は兵庫県が宮城県・新潟県の2倍以上となっていた。改正後の議員定数を見てみると，宮城県・新潟県は定数減，兵庫県は定数増となっていることから，一票の格差を小さくしようとしていると考えられる。東京都も同様に有権者数が非常に多いため，議員定数が増やされてい

る。

ポイント 資料として提示されている内容をすべて読み解く必要はない。同じところ，ちがうところに着目して解くとわかりやすい。

$\dfrac{1}{3}$ とか $\dfrac{2}{3}$ とかがいっぱい出てきてイヤだ

本冊 ➡ P.79

1 (1) **イ**　(2) **ア**

2 300（人）　**3** **オ**

4 ○　理由　（例）地域住民が条例の制定を請求するために必要な，有権者数の50分の1以上の署名が集まったから。

解説

1地方公共団体の議会の解散請求は，議会が解散すると議員は「く」びになることから，必要な署名数は「傘，酷使」の「く」。有権者の $\dfrac{1}{3}$ 以上の署名が必要になる。条例の制定・改廃などと比べて必要な署名数が多くなっている。請求先も選挙にかかわることなので，選挙管理委員会となる。

2再可決は「さ」で始まるので「傘，酷使」の「さ」。出席議員の $\dfrac{2}{3}$ 以上の賛成が必要となり，出席議員は450人のため，再可決に必要な最低議員数は，450（人）×$\dfrac{2}{3}$＝300（人）となる。

3憲法改正のうち，「改正の発議」は「か」で始まるので「傘，酷使」の「か」。総議員の $\dfrac{2}{3}$ 以上の賛成が必要となる。「国民投票」は「こ」で始まるので過半数の賛成が必要となる。

4条例の制定の請求は，「し」で始まることから有権者の $\dfrac{1}{50}$ 以上の署名が必要となる。はるこさんの市の有権者数は305,129人のため，

305,129 ÷ 50 = 6102.58 → 6103 人以上の署名が
あればよく，請求できることとなる。

理解できない
「労働」って想像できない 本冊 ➡ P81

1 ア

2 （例）正社員以外の労働者の割合が増
加しているが，正社員と比べてどの世
代も賃金が安く，契約期間が短く限定
される場合もあり，生活が安定しにく
い。(67字)

解説

1 2002年の男性の正規雇用者数は2437万人で，
2022年は2339万人であることから，減少し
ている。女性は，2002年の正規雇用者数は
1052万人で，2022年は1249万人であるこ
とから，増加している。このことから男性
のみ減少している。一方，2022年の非正規
雇用者の割合は，(669 + 1432) ÷ 5689 × 100
＝約36.9％となる。男性は，もともと正規
雇用の割合が多いが，この割合が減少する
傾向になっている。また全体として非正規
の雇用者数は増加している。

2 グラフ１から，1990年と比べて2022年は正
社員の割合が減り，正社員以外の割合が増え
ていることがわかる。グラフ２からは，すべ
ての年代において，正社員より正社員以外の
賃金が低く，また年齢が上がっても上昇しに
くいことがわかる。表からは，正社員以外に
含まれる派遣社員の契約期間の約半数が３年
以下となっていることがわかる。これらのこ
とから正社員以外の労働環境が，賃金・契約
期間を含め，不安定になっていることがわか
る。これらを組み合わせて簡潔にまとめる。

理解できない
財政といえば？
本冊 ➡ P.83

1 (1) 社会保障
(2) （例）国債の発行が増えすぎると，国の財政を圧迫するから。

2 (1) 地方交付税交付金
(2) （例）社会保障関係費が増加しており，これは65歳以上の人口の割合が増加していることと関係している。

見分けがつかない
どうして円が下がると「円高」というの？
本冊 ➡ P.85

1 X 円安（ドル高） Y 不利

2 ① 192 ② イ

3 40000（4万）

解説

1 (1)国の歳出のうち，半分以上を，社会保障関係費と国債費が占めている。この2つともがヒントなしに問われることはあまりないので，社会保障関係費と国債費を覚えておき，グラフを見て，どちらか一方が示されていれば残った方が答えとなる。資料Ⅱには，国債費はすでに示されているため，問われているのは社会保障関係費であることがわかる。
(2)国債費とは国の借金である国債を返済するための費用である。借金であり，返済時には利子をつけることから国債の発行が増えると，返済時の負担すなわち国債費が増大するため，国債の発行は慎重に行う必要がある。

2 (1)地方交付税交付金は，国が地方公共団体間の財政の格差を埋めるために配分する資金のことである。使いみちは自由である。
(2)グラフⅠで2000年から2021年にかけて最も歳出額が増加しているのは社会保障関係費である。社会保障関係費は保険や福祉など，年金や介護サービスなどに使われる費用である。グラフⅡで最も大きく変化しているのは65歳以上の人口割合の増加の部分である。このことから，高齢化が進み，社会保障関係費もあわせて増加しているということをまとめて文章にする。

解説

1 グラフから，2009年は1ドル＝約90円，2023年は1ドル＝約130円になっていることがわかる。「1ドル＝○○円」の円が上がったら円安になることから，2009年から2023年にかけては円安である。円安が進むと，輸入産業には不利になる。

2 ① 24,000（ドル）×80（円）＝192（万円）。
② 1ドル＝100円が80円に変化しているということは，「円が下がっている」ことから円高になっている。円高になると輸入産業に有利である。逆に1ドル＝100円が125円になると，「円が上がっている」ことから円安になっている。円安になると輸入産業に不利である。

3 為替相場に変動があっても，日本でつくって売られている商品の価格には変動はない。ドルで売るときに，1ドル＝○○円がいくらかによって，値段が変わる。今回は1ドル＝75円のため，3,000,000（円）÷75（円）＝40,000（ドル）と計算する。

ポイント ドルを円に換えるときは，ドル×1ドルの円の値段。円をドルに換えるときは，円÷1ドルの円の値段となる。

「需要」と「供給」のグラフがわからない

本冊 ➡ P.87

1 (1) 均衡価格
(2) （例）供給量が需要量より多いので，価格は下がる。

2 あ エ い ア **3** ア

解説

1 価格が高いと売りたい（＝供給が増える），価格が安いと買いたい（＝需要が増える）という商品の動きの中で，需要量と供給量が一致する価格のことを均衡価格という。

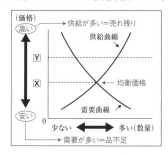

2 買いたい人（需要量）は価格が高いほど減っていき，売りたい人（供給量）は価格が高いほど増えていく。**X**の場合，価格は高めになっているため，需要量は減り，供給量は増える＝売れ残りが出る。**Y**の場合，価格は安めになっているため，需要量は増え，供給量は減る＝品不足が出る。

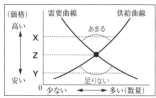

3 売れ残りが出るということは，供給量が多い＝価格が高いということで，需要量は少ないということになる。均衡価格を示している，需要曲線と供給曲線が交わったところよりも価格が高いところを示しているグラフを選ぶ。

ポイント 均衡価格より価格が高いと売れ残り，安いと品不足になる。

27

「温暖化」ってよく見るけどわからない

本冊 ➡ P.89

1 A ア　B ウ　C オ　D イ

2 （例）一人あたりの国民総所得が高いと，一人あたりの二酸化炭素排出量は多い。

3 （例）自動車の走る距離を短くすることで，二酸化炭素の排出量を削減できるので，地球温暖化防止につながる効果がある。

解説

1 二酸化炭素排出量を減らそうとしているのは先進国，これから自国が発展していくために二酸化炭素排出量に制限を設けられたくないのが発展途上国である。

A「石油消費量が減ると，経済的な損害を受ける」とあることから，石油を輸出する国々。
B「海面上昇で国土が浸水」とあることから，南太平洋の島の国々。
C「熱帯雨林の消失」「森林の減少」とあることから，熱帯雨林がある国々。
D「世界第1位の二酸化炭素排出国」とあることから，中国。

ポイント 一見難しそうに見えるが文章の中にヒントがかくされているので，それらを読みとればかんたんに解くことができる。

2 二酸化炭素は，発電や自動車の排気ガスなどから多く排出される。このため，所得が増加した＋工業がさかん＝二酸化炭素排出量の増加，となる。表を見てみると，一人あたりの国民総所得が多い日本やドイツの一人あたりの二酸化炭素排出量が多く，一人あたりの国民総所得が少ないインドは一人あたりの二酸化炭素排出量が少なくなっている。示された資料のうち，多い・少ないといった特徴があるところに着目して記述するとよい。ちなみに中国は，国単位での二酸化炭素排出量は多いが，一人あたりにするとそれほど多くない。

今回の表ではあまり中国に触れる必要はない。

3 資料を読みとるときには，多いところ・少ないところに着目して考える。資料Ⅰを見ると，自宅から目的地までの移動が，全部自動車だったものが，途中から鉄道に切り替わっていることがわかる。資料Ⅱは，一人を1km運ぶ時に排出される二酸化炭素の量を示しており，一番少ないのは鉄道，一番多いのは自動車になっている。すなわち，二酸化炭素排出量が多い自動車の利用が，排出量の少ない鉄道に切り替わり，排出量が削減されたと考えることができる。

選択肢が長文だとイライラする

本冊 ➡ P.91

1 イ **2** イ **3** エ

解説

1 選択肢ごとに文章を区切って○・×を判断していく。

ア「地方議会議員が25歳以上,」＝○,「市町村長および都道府県知事が30歳以上」＝×。市町村長は25歳以上が正しい。

イ「地方議会議員および市町村長が25歳以上,」＝○,「都道府県知事が30歳以上」＝○。

ウ「都道府県知事および市町村長が25歳以上,」＝×,「地方議会議員が30歳以上」＝×。都道府県知事は30歳以上,地方議会議員が25歳以上が正しい。

エ「市町村長が25歳以上,」＝○,「都道府県知事および地方議会議員が30歳以上」＝×。地方議会議員は25歳以上が正しい。

すべてが○になっている選択肢は**イ**である。

2 選択肢ごとに文章を区切って,わかる部分からアメリカ合衆国・中国・フランス・マレーシアのいずれかを判断していく。わからないときは飛ばして,わかるところから順番に考えていくとよい。

ア「自動車などの機械工業やワインなどの食料品工業を中心に発達してきた」,「国境をこえた技術協力のもとで航空機の製造が行われている。」いずれもフランスについて述べている。

イ「国内の豊富な地下資源をもとに,はじめは北部で工業が発展した」,「1970年代からは,南部に新しく工業地帯が形成され,先端技術産業などが発展している。」いずれもアメリカ合衆国について述べている。

ウ「おもな輸出品は,すずや天然ゴムなどの地下資源や農産物だった」,「1980年代からは,ルックイースト政策を実行して工業化を

すすめた結果,機械類に変わった。」いずれもマレーシアについて述べている。

エ「かつて,企業はすべて国営で,政府の指示によって工業生産していた」「1980年代からは,町や村が経営する郷鎮企業が発展し,近年では株式会社も登場するようになった。」いずれも中国について述べている。

ポイント この問題では4つの選択肢に2つずつ要素があり,全部で8要素ある。8要素全部わからなくても,わかるところから考えていって,消去法でアメリカ合衆国を選ぶような形となってもよい。

3 グラフ中の※の時期は天明の飢饉のあとで天保の飢饉の前。寛政の改革が行われたころである。このことから,選択肢を区切って,寛政の改革のころについて述べたものを探していく。

ア「農民に対して年貢を重くする一方で藩には参勤交代をゆるめ,そのかわりに米を献上させた。」＝享保の改革。「洋書の輸入禁止をゆるめたので,洋書の研究がさかんになった。」＝享保の改革のころ。

イ「株仲間の営業権を認めて,かれらに税をおさめさせる」＝田沼の政治。「蝦夷地を開拓し,そこの海産物をさかんに輸出した。」＝田沼の政治。「杉田玄白らがオランダ語の人体解剖書を翻訳して,『解体新書』を出版した。」＝18世紀中ごろから。

ウ「物価の上昇をおさえるため株仲間を解散させ,江戸・大阪周辺の大名・旗本領を幕府の領地にしようとした。」＝天保の改革。「葛飾北斎らの錦絵の風景版画が流行した。」＝化政文化で19世紀初めごろ。

エ「江戸などで出かせぎしている農民を村に帰らせるとともに,飢饉に備え,農村に倉をもうけて米をたくわえさせた。」＝寛政の改革。「幕府の学校では,朱子学以外の儒教の教えを禁止した。」＝寛政の改革。

したがって正解は**エ**である。

文章を書く問題が キライ

1 （例）大西洋を流れる暖流と偏西風の影響を受けているから。

2 （例）輸入品の関税を自主的に決定する権利。

3 （例）財政収入を安定させるため。

4 Ａ議員
理由（例）任期が短く，解散がある衆議院は国民の意思がより反映されやすいため優越が認められているから。

5 （例）（憲法に違反する）法律や命令は効力をもたない。

6 （例）消費が増え，物価が上昇し，生産が拡大している。

7 （例）国債や手形を買い取り，市場に出回る資金量を増やす。

8 （例）立法，行政，司法の三権が互いに抑制し合い，権力の均衡を保つことで，一つの機関に権力が集中しないようにするため。

9 （例）（発展途上国は，）先に工業が発展し多くの二酸化炭素を排出してきた先進国に，排出量を削減する義務があると考えているから。

10 （例）主な民族の居住地ではない地域に首都を移転することで，民族間の争いを抑えるため。

解説

1 西ヨーロッパの都市と日本の都市の気候を比べる問題では，西ヨーロッパの方が暖かい理由を問われる問題がほとんどである。その理由は北大西洋海流（暖流）の上を偏西風がふいているからである。キーワードは「偏西風」と「暖流」なので，この２つを忘れずに記述する。

2 関税自主権は，「輸入品」にかける「関税」を自国で設定できる権利。認められないと不利になるという点がヒントになる。

問題文にすでにキーワードが示されている場合は，それが大きなヒントになる。逆にそのキーワードを解答に入れ忘れないよう，注意が必要。

3 江戸時代と明治時代の税制のちがい，もしくは地租改正について問われたときは，税を現金で納めることとなって，「財政収入が安定した」ということを答える。

4 衆議院と参議院の関係性を問われたときは，衆議院の方が任期が短く解散があるため，国民の意思が反映されやすいことと，そのため衆議院の優越が認められていることを答える。

5 憲法と法律や命令（や条例）の関係性を問われたときは，憲法が法の中で最も上位に位置しており，その他の法律などは憲法に反する内容であれば効力をもたないことを述べる。

6 景気が上向いているということは，消費が増えているから（品不足気味になるので）物価が上がり生産も増えているという現象が起こる。これらをまとめて文章にする。

7 景気が悪いときには消費が減り，生産が減り，物価が下がっている。そこで，市場に貨幣が流通して消費などが活発になるように，金融政策を行う。

8 三権分立は，政治権力が１か所に集中しないように，政治権力を立法・行政・司法に分けてお互いに均衡と抑制を保つようにしていることである。これを文章としてまとめる。

9 先進国がこれまで工業の発展などで二酸化炭素を排出して成長してきたのに対し，これから経済成長しようとしている発展途上国は，削減の義務は発展途上国ではなく，これまで排出してきた先進国にあると主張している。

10 図や表を見て理由を述べるような問題のとき，まずは図や表の中でほかと大きく違うところに着目する。資料Ⅰからは，ナイジェリアの内戦は，南部と北部の対立が原因とわかる。資料Ⅱからは，移転した首都がどちらの民族にとっても主な居住地ではないことがわかる。このことを文章にして書く。書くときに「資料ⅠとⅡからわかることに触れて」といわれているので，どちらの要素にも必ず触れるようにする。